经典全阅读

中外名著导读 高中版

李乡状◎主编

陕西师范大学出版总社

图书代号：WX17N0772

图书在版编目（CIP）数据

中外名著导读：高中版 / 李乡状主编．—西安：陕西师范大学出版总社有限公司，2018.1（2018.7 重印）

ISBN 978-7-5613-9325-3

Ⅰ．①中… Ⅱ．①新… Ⅲ．①阅读课—高中—教学参考资料 Ⅳ．① G634.333

中国版本图书馆 CIP 数据核字 (2017) 第 152008 号

中外名著导读　高中版

ZHONGWAI MINGZHU DAODU GAOZHONG BAN

李乡状　主编

责任编辑　王　宏　刘小旭
责任校对　韩娅洁　段云娜
排版制作　北京文贤阁图书有限公司
出版发行　陕西师范大学出版总社
（西安市长安南路 199 号　邮编 710062）
网　　址　http：//www. snupg. com
印　　刷　太原日报传媒集团有限公司
开　　本　710mm × 1000mm　1/16
印　　张　13
字　　数　280 千
版　　次　2018 年 1 月第 1 版
印　　次　2018 年 7 月第 2 次印刷
书　　号　ISBN 978-7-5613-9325-3
定　　价　39.80 元

名人推荐

林 非

林非，著名学者、散文家，中国社会科学院研究生院教授、博士、研究生导师，历任中国散文学会会长、中国鲁迅研究会会长。

著有《鲁迅前期思想发展史略》《现代六十九家散文札记》《中国现代散文史稿》《文学研究入门》《鲁迅和中国文化》《离别》等；迄今共出版30余部著作；主编《中国散文大词典》《中国当代散文大系》等。

名师编写团队

郑晓龙	首都师大附中语文特级教师
蔡　可	北京大学文学博士，首都师范大学教育学院副教授
李春颖	首都师范大学语文教学教研室主任
徐　震	中央戏剧学院文学博士，首都师范大学文学院副教授
杨　霞	中国人民大学文学博士，首都师范大学新闻传播学系图书出版方向负责人
张四海	北京大学文学博士，首都师范大学文学院讲师
陈　虹	上海中学教学处主任，语文特级教师
李乡状	吉林摄影出版社副编审
李文铮	洛阳市第二外国语学校语文特级教师
赵景瑞	北京东城区教育研究中心副主任，特级教师

读到生命的最后一天（代序）

天下的书籍确实是谁也无法读完的，我准备充分利用自己的余生，再读一些能够启迪思想和陶冶情操的书。

这几年出版的书实在太多了，用迅速浏览的速度都看不过来，某些书籍受到了人们的冷落，某些书籍赢得了人们的喝彩，似乎都显得有些偶然。不过在这种偶然性的背后，最终都表现出了时代思潮的复杂趋向，而并不完全由这些书籍本身的质量和写作技巧所决定。

近几年来，我围绕启蒙主义和现代观念的问题写了一些论文，目的是想引起共鸣或争论，以后还愿意在思想和文化这方面继续做些研究，因此想围绕这样的研究和写作任务，读一些过去没有很好注意的书，以便增加新的知识，更好地开阔视野，从纵横这两个方面，认认真真地去思考一些问题。譬如像黄宗羲的《明夷待访录》，我曾读过多遍，向来都是惊讶和叹服于他的平等观念与民主思想。为什么 300 多年前的明清之际，在古老的专制王朝统治的躯壳中间，会萌生出如此符合于现代生活秩序的思想见解来呢？这是一个孤立和偶然的思想高峰，还是从当时资本主义萌芽和不断滋长的土壤中间，必然会产生出来的呢？

如果想一想徐渭、李贽、袁宏道、汤显祖和徐光启这些杰出的名字，又应该得到什么样的结论呢？而他们与莎士比亚、塞万提斯和伽利略，又几乎是在同一个时代出现的，这里究竟有多少属于历史与未来的必然性呢？我想再好好地研究一番，力图做出比较满意的回答来。

如果生活在今天的人们，都能够达到 300 多年前黄宗羲那样伟大思想家的境界，中国这一片辽阔的土地上，将会出现多少光辉灿烂的奇迹啊！可是为什么经过了300多年的漫长岁月，在今天生活里的绝大多数人，还远远没有达到他那样的思想境界呢？这难道不让人感到十分地丧气吗？

郁达夫说过："没有伟大的人物出现的民族，是世界上最可怜的生物之群；有了伟大的人物，而不知拥护、爱戴、崇仰的国家，是没有希望的奴隶之邦。"（《怀鲁迅》）这是说得很沉痛和感人的。

思考民族的前程、人类的未来，这很像听贝多芬的《第九交响曲》那样，常常会使自己激动不已，然而这就得广泛和深入地读书，否则是无法使自己的思考向前迈步，变得十分丰满和明朗起来的。我读了丘吉尔、戴高乐、阿登纳和赫鲁晓夫这些外国政治家写的回忆录，读了德热拉斯的《与斯大林的谈话》和《新阶级》，对于自己认识整个的当今世界，是起了很大作用的，我还想继续读一些这方面的书籍。

陶冶情操的音乐和美术论著，我已经读了不少，自然也得继续看下去。

我想读的书是无穷无尽的，只要还活着，我就会高高兴兴地读下去，自然在翻阅有些悲悼人类不幸命运的著作时，也会变得异常忧伤和痛苦，不过这是毫不可怕的，克服忧伤和痛苦的过程，不就是人生最大的欢乐吗？要想在社会中坚强地奋斗下去，就应该有这种心理上的充分准备。我会这样读下去的，读到生命的最后一天。

林非

2016年12月21日

（有删节）

认识作者

《中外名著导读（高中版）》是一本精选了古今中外多部优秀文学作品的导读书，针对高中生的阅读特点，进行缩编，力求使他们在最短的时间内了解这些文学经典的内容。

读《巴黎圣母院》，可以了解中世纪法国社会的真实生活；读茅盾的《子夜》、巴金的《家》，可以知晓 20 世纪二三十年代中国社会的样貌；读了托尔斯泰的《复活》，一幅已经走到崩溃边缘的农奴制俄国的社会图画就在我们面前展开；读《堂吉诃德》，作品中大胆新奇的幻想、惊险曲折的情节、出乎意料的结局，无不令人掩卷称快。这些优秀的文学作品极富营养，通过阅读，我们可以了解历史、明晓事理，同时对于塑造我们的价值观也有着不可估量的作用。

创作背景

现代高中生因为课业繁重等原因，没有足够的时间去阅读大部头的经典名著，正是基于此，本书编委对国内外知名经典文学作品进行缩写，力求使读者在阅读后，能基本了解名著的主要内容，理解其内涵精髓，进而对原著产生阅读兴趣。本书由作者简介、写作背景、经典选读及艺术特色等几个板块组成，通过对所选名著的高度概括和深度赏析，帮助读者加深对这些经典作品的理解，希望这本书能成为同学们了解中外经典作品的好帮手。

崔莺莺

《西厢记》女主角，相国之女，女红针织，诗词书算，无所不能。她父亲在世时，就已将她许配给郑氏的侄儿郑恒。这天，崔小姐与红娘在寺庙殿前游玩，偶遇书生张珙，上演了一幕爱情戏剧。

吴荪甫

小说《子夜》的主人翁，开丝厂的民族资本家。吴荪甫的资金日益吃紧，只好靠盘剥工人、克扣工钱自保。新一轮的罢工开始了，屠维岳分化瓦解工人组织的伎俩被识破，吴荪甫陷入内外交迫的困境，甚至差点开枪自杀。

浮士德

歌德戏剧作品《浮士德》的主人翁，浮士德是个50多岁的老学者，终身致力于读书和研究中，希望找到自然奥秘。现在年过半百，读了大半辈子书，才发现读书无用，反而让自己深陷黑暗的书斋，无法自拔。他非常痛苦，想要结束自己的生命，去到另一个虚幻的世界中。复活节到了，钟声唤醒了他的求生欲。浮士德和魔鬼立下约定：魔鬼同意做仆人，引领他前往新的生活。只要他心满意足，灵魂就要奉献给魔鬼。

哈姆雷特

莎士比亚戏剧作品《哈姆雷特》的主人翁，丹麦王国的一个王子。他年轻有为、正直善良，有魄力，爱思考，喜欢和人民相处，看好人类的发展。当时，他正在德国威登堡大学读书，突然从丹麦传来了噩耗。他的叔叔克劳狄斯残害了他的父亲，篡夺了王位，母亲也改嫁了叔叔。父亲的死，令他痛不欲生，他下定决心复仇。

堂吉诃德

塞万提斯长篇小说《堂吉诃德》的主人翁，是一个50多岁的穷绅士。他一天到晚都在看骑士小说，脑子装满比武、打仗、恋爱等许多荒诞不经的事情。他幻想着成为一个游侠骑士，铲除所有的恶行。经过艰难的磨炼，建功立业，流芳百世，于是开始了一连串匪夷所思的故事。

目录

CONTENTS

目录 CONTENTS

中国卷

名师导读

中国古代文学从《诗经》、《楚辞》、先秦散文、汉赋、唐诗、宋词、元曲到明清小说，构成了一部中华古代文学的发展史。本书的中国卷节选了中国古代文学史上有较大影响的学者的文章，配之以“作者简介”“写作背景”“内容概述”和“经典选读”等栏目，通过此种方式，作为导读让读者对这些文章的学术思想有一个初步的理解。

《论　语》

◆ 作者简介

孔子（前551—前479），姓孔名丘，字仲尼，春秋末期鲁国陬邑（今山东曲阜）人。他是中国古代著名的思想家、政治家、教育家，儒学学派的创始人，被誉为“万世师表”“千古圣人”，世界十大思想家之首。

孔子的祖先原为宋国贵族，因避内乱才移居到鲁国。鲁襄公二十二年（前551），孔子生于鲁国的陬邑，父亲叔梁纥，母亲颜氏。

名师释疑

叔梁纥（hé）：他博学多识、文武双全，曾担任陬邑大夫。与鲁国名将狄虒弥、秦堇父有“鲁国三虎将”之称。

鲁国是当年周公儿子伯禽的封地，素来以礼乐之邦著称，即便到了春秋末期，那里的礼乐仍保持完好。鲁国根深蒂固的礼乐传统对孔子有深刻的影响。孔子小时候就经常自己玩一些和礼仪制度有关的游戏。

孔子在很小的时候，他的父亲就去世了，家境也日渐衰落。孔子年轻时曾做过管粮仓、管放牧的小官，到了 30 多岁时，他开始收徒讲学。鲁昭公二十五年（前 517），鲁国内乱，孔子对鲁国当权的季氏不满，便离开鲁国到齐国，不久后返回。此后，孔子开始整理诗、书、礼、乐，这时他门下的弟子越来越多，影响也越来越大。鲁定公九年（前 501），孔子因担任鲁国中都宰，政绩突出，在接下来的几年里接连升任司空和大司寇。鲁定公十三年（前 497），孔子为维护鲁国国君的权威，建议毁掉当时的权臣季孙氏、叔孙氏、孟孙氏等三家的封地城墙，以打击他们的势力，可惜计划失败。孔子见自己的理想难以实现，于是带领弟子离开鲁国，开始了漫长的周游列国生涯。孔子在 14 年里先后到过卫、曹、宋、齐、郑、晋、陈、蔡、楚等国，向各国诸侯宣传自己的政治主张，可惜都不被采用。鲁哀公十一年（前 484)，季康子厚礼接孔子回鲁国，这年孔子已经 68 岁。之后，鲁哀公和季康子虽然常向孔子问政，但始终不重用他。

孔子周游列国，所到之处多被地方政治集团排挤和迫害，始终不得志。主要原因是，他空有一套自己的政治理论却没有现实的条件和手段去实施。

孔子晚年致力于教育，并撰修了《诗》《书》《礼》《乐》《周易》《春秋》等文献。他的思想及学说对后世产生了极其深远的影响。

◆ 写作背景

《论语》是由孔子的门人记录孔子及其弟子言行编订而成的著作，成书于春秋战国之交。这是一个思想大爆炸的时代，也是中国思想史上第一个黄金时期。

当时的中国处在诸侯相互征伐的乱世，知识分子对社会现状十分不满，于是纷纷思考救国救民、解决社会矛盾的方针路线。因为各自的想法大不相同而形成不同的学说流派。在孔子为代表的儒家之外，先后出现了道家、墨家、法家等不同流派。这些流派之间，相互批评，展开了激动人心的学术争鸣。“百家争鸣”的局面由此出现。这一时期出现了许多著名的思想主张，以孔子为代表的儒家，即是“百家争鸣”中最重要的一个学术流派。

《论语》的主要内容是孔子与学生在日常生活学习中对于不同事情的看法，集中体现了以孔子为代表的儒家思想。

◆ 内容概述

《论语》是儒家的经典著作，共有20篇。形式以语录体和对话文体为主，记录了孔子及其弟子言行，集中体现了孔子的政治主张、伦理思想、道德观念及教育原则等。其思想核心是“仁”“礼”“义”。《论语》与《大学》《中庸》《孟子》《诗经》《尚书》《礼记》《周易》《春秋》并称“四书五经”。

《论语》内容上以教育为主，涵盖哲学、历史、政治、经济、艺术、宗教等方面。孔子思想体系的核心概念是“仁”——最简单表述就是“爱人”，即对人尊重和有同情心。在孔子看来，作为一个君子最重要的品质就是仁。不管在什么时候，君子都要与仁同在。得意的时候，要依靠仁而成功，失败的时候，也要依靠仁而安稳。君子一生应以仁为自己行事的最高准则，怀着一颗爱心，根据不同的对象，采取适当的方法，关心人，爱护人，帮助人，将社会缔造成一个互敬互爱、充满温馨而又秩序井然的和谐

名师释疑

百家争鸣：比喻流派众多。春秋战国时期是我国历史上思想和文化最为璀璨辉煌的时期。在这一时期，知识分子中不同学派的出现以及各个家族、流派之间思想及学术上的争奇斗艳，被称为“百家争鸣”。

语录体：弟子门徒用于记录导师言行，或佛教中的传教记录。语录体是我国古代散文的一种形式。因为它不重视文章的结构和文采，只是用来记录语言，因此被称为“语录体”。

四书五经：四书包括：《论语》《孟子》《大学》《中庸》；五经包括：《诗经》《尚书》《礼记》《周易》《春秋》。

世界。这正是孔子一生都向往的理想社会，也是数千年来儒生的最高理想。在天道观上，孔子不否认天命鬼神的存在，但又对其持怀疑态度，主张“敬鬼神而远之”。

◆ 经典选读

学而篇

子曰：“学而时习之，不亦说乎？有朋自远方来，不亦乐乎？人不知而不愠，不亦君子乎？”

子曰：“巧言令色，鲜矣仁。”

曾子曰：“吾日三省乎吾身。为人谋而不忠乎？与朋友交而不信乎？传不习乎？”

子曰：“弟子入则孝，出则弟，谨而信，泛爱众，而亲仁，行有余力，则以学文。”

子夏曰：“贤贤易色，事父母能竭其力，事君能致其身，与朋友交，言而有信。虽曰未学，吾必谓之学矣。”

有子曰：“信近于义，言可复也。恭近于礼，远耻辱也。因不失其亲，亦可宗也。”

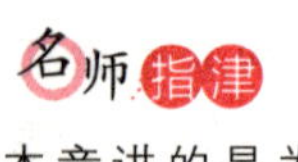

本章讲的是为人处世的态度。“信”和“恭”应以周礼为标准，不符合礼的话不能讲，不符合礼的事不能做。

子曰：“君子食无求饱，居无求安。敏于事而慎于言，就有道而正焉。可谓好学也已。”

为政篇

子曰：“《诗》三百，一言以蔽之，曰：‘思无邪’。”

子曰：“吾十有五而志于学，三十而立，四十而不惑，五十而知天命，六十而耳顺，七十而从心所欲，不逾矩。”

子夏问孝。子曰："色难。有事，弟子服其劳；有酒食，先生馔。曾是以为孝乎？"

子曰："吾与回言终日，不违如愚。退而省其私，亦足以发。回也不愚。"

子曰："温故而知新，可以为师矣。"

子曰："君子不器。"

子曰："学而不思则罔，思而不学则殆。"

子曰："由，诲女知之乎！知之为知之，不知为不知，是知也。"

里仁篇

子曰："我未见好仁者、恶不仁者。好仁者，无以尚之；恶不仁者，其为仁矣，不使不仁者加乎其身。有能一日用其力于仁矣乎？我未见力不足者。盖有之矣，我未之见也。"

子曰："朝闻道，夕死可矣。"

子曰："君子怀德，小人怀土。君子怀刑，小人怀惠。"

子曰："君子喻于义，小人喻于利。"

子曰："见贤思齐焉，见不贤而内自省也。"

子曰："父母在，不远游，游必有方。"

述而篇

子曰："述而不作，信而好古，窃比于我老彭。"

子曰："默而识之，学而不厌，诲人不倦，何有于我哉！"

子曰："不愤不启，不悱不发。举一隅不以三隅反，则不复也。"

子食于有丧者之侧，未尝饱也。

子于是日哭，则不歌。

名师指津

这是孔子讲的有关孝的问题。孔子认为孝不仅要遵循周礼的规范，适应当时社会的需要，还要从内心真正的孝顺父母。

名师指津

这里孔子讲了学习知识要实事求是的道理。知道就是知道，不知道就是不知道，以这样的态度求知，人才会进步。

名师指津

这是孔子所阐述的君子与小人的区别。君子心中想的是德行，而小人想的却是利益；君子心中想的是法律，小人心中想的却是恩惠。

子在齐闻:《韶》,三月不知肉味。曰:"不图为乐之至于斯也。"

子不语:怪、力、乱、神。

子曰:"三人行,必有我师焉。择其善者而从之,其不善者而改之。"

子曰:"仁远乎哉?我欲仁,斯仁至矣。"

名师指津

孔子毕生所追求的是构建美好的人间社会,是现实的,而非虚幻的。因此,孔子重视用"仁道"的理想和"周礼"的规范来建设社会体系,故他在教学及生活中不谈论怪异之事、暴力、叛乱和鬼神。

卫灵公篇

卫灵公问陈于孔子。孔子对曰:"俎豆之事,则尝闻之矣;军旅之事,未之学也。"明日遂行。

在陈绝粮,从者病,莫能兴。子路愠见曰:"君子亦有穷乎?"子曰:"君子固穷,小人穷斯滥矣。"

子曰:"志士仁人,无求生以害仁,有杀身以成仁。"

子贡问为仁。子曰:"工欲善其事,必先利其器。居是邦也,事其大夫之贤者,友其士之仁者。"

子曰:"人无远虑,必有近忧。"

子贡问曰:"有一言而可以终身行之者乎?"子曰:"其'恕'乎!己所不欲,勿施于人。"

子曰:"巧言乱德。小不忍则乱大谋。"

子曰:"吾尝终日不食,终夜不寝,以思,无益,不如学也。"

名师指津

成语"杀身成仁"就出自于此。在孔子心中,"仁"是人生的最高准则和最基本的理想。天下志士将仁德视为珍宝,他们不惜牺牲自己也要保全仁德,这种崇高的精神鼓舞着我们一代代中国人不怕困难,奋勇前进。

颜渊篇

颜渊问仁。子曰:"克己复礼为仁。一日克己复礼,天下归仁焉。为仁由己,而由人乎哉?"颜渊曰:"请问其目。"子曰:"非礼勿视,非礼勿听,非礼勿言,非礼勿动。"颜渊曰:"回虽不敏,请事斯语矣。"

仲弓问仁。子曰:“出门如见大宾,使民如承大祭。己所不欲,勿施于人。在邦无怨,在家无怨。”仲弓曰:“雍虽不敏,请事斯语矣。”

司马牛问仁。子曰:“仁者,其言也讱。”曰:“其言也讱,斯谓之仁已乎?”子曰:“为之难,言之得无讱乎?”

司马牛问君子。子曰:“君子不忧不惧。”曰:“不忧不惧,斯谓之君子已乎?”子曰:“内省不疚,夫何忧何惧?”

名师指津

司马牛问孔子如何才能成为一名君子,孔子告诉他:不忧愁、不恐惧,就是君子。君子做人做事坦坦荡荡,所以没有什么需要忧愁和恐惧的。这体现了孔子对君子的评判标准,做到问心无愧,才能成为君子。

司马牛忧曰:“人皆有兄弟,我独亡。”子夏曰:“商闻之矣:死生有命,富贵在天。君子敬而无失,与人恭而有礼,四海之内,皆兄弟也。君子何患乎无兄弟也?”

子张问明。子曰:“浸润之谮,肤受之愬,不行焉,可谓明也已矣。浸润之谮,肤受之愬,不行焉,可谓远也已矣。”

子贡问政。子曰:“足食,足兵,民信之矣。”子贡曰:“必不得已而去,于斯三者何先?”曰:“去兵。”子贡曰:“必不得已而去,于斯二者何先?”曰:“去食。自古皆有死,民无信不立。”

◆ 艺术特色

《论语》是中国先秦散文的早期代表,具有鲜明的艺术特色和风格。

名师指津

《论语》在其记言、叙事中精准地刻画了孔子及其弟子的性格特点。它是先秦散文的早期代表,具有鲜明的艺术特征,它的语言特点对后世文学的发展产生了深远影响。

《论语》运用简短的语言,描写了孔子和弟子们日常生活学习的情景,并通过神情语态的描写,传神地刻画出人物的性格特征。书中不仅有关于孔子的仪态举止的静态描写,还有关于他的个性气质的传神刻画。除孔子外,《论语》还成功地刻画了许多孔门弟子的形象。《先进》篇弟子侍坐那一章,通过短短的几句交谈就将仲由的坦率,冉求、公西华的谦逊,曾皙的洒脱,形象生动地刻画了出来。

《论语》艺术特色还体现在它的语言上。它不像同时期的其他文学作品的语言那样艰涩，而是接近口语，浅近易懂。《论语》的词汇也十分丰富，其中运用了很多语气词，使得语言表达具有形象性、生动性和趣味性。如“学而时习之，不亦说乎！有朋自远方来，不亦乐乎！人不知而不愠，不亦君子乎！”“颜渊死，子曰：‘噫，天丧予，天丧予。’”等就体现了这一特点。

《论语》一书文字简练，但由于蕴含着深刻的人生体验，许多句子富于哲理性、启发性，而成为格言警句。如：“三军可夺帅也，匹夫不可夺志也”“岁寒，然后知松柏之后凋也”“君子成人之美，不成人之恶”等。

名师指津

颜渊死了，孔子道：“咳！老天爷要我的命呀！老天爷要我的命呀！”颜渊是孔子的得意门生，孔子有意让他做自己的继承人，所以颜渊先孔子而去，孔子除了失去爱徒的悲痛外，更有学术无人继承的绝望感，这才是他悲痛欲绝，喊出“天丧予！天丧予！”的深层原因。

◆ 文学地位

在中国文学史上，《论语》的地位仅次于《诗经》。在中国散文发展史上，《论语》更是处于承前启后的重要地位。

《论语》艺术形式具有简约美，思想内容具有真实美，章节之间具有对称美等特点，对后世文学创作影响甚大。

作为中国散文创作的开山鼻祖，《论语》极大地影响了后世的散文写作。其艺术形式的简约美，为后世的散文创作树立了典范。其思想内容的真实美，也受到了后世许多作者的推崇。其章节之间的对称美，也给中国文学创作带来极为广泛的影响。

名师释疑

开山鼻祖：比喻一个学派或技艺流派的始创者，抑或比喻在某种学说理论刚刚产生的时期起重要推进作用的人。

《论语》的语言影响同它的思想影响和艺术影响一样，遍及中华民族的每一个方面。我们现在使用的成语许多都是出自《论语》，或由《论语》里的话缩减改造而成。即使未成成语的，也被当作经典性的语言来引用或者化用，为后世文学创作提供语言便利，在内容上也起到了深化作用。

在当前社会中，《论语》依然发挥着重要的社会价值和文学价值。它是中国古代文化和文学的瑰宝，对于改革开放、经济腾飞的今天，《论语》中的许多思想仍对于我们有一定的借鉴意义和时代价值。

《孟　子》

◆ 作者简介

孟子（约前 390—前 305），战国时期鲁国邹（今山东邹城）人，姓孟名轲，字子舆。相传孟子的先祖是鲁国的贵族孟孙氏，后来因家道衰微，才从鲁国迁居邹国。孟子 3 岁的时候父亲便去世了，从小与母亲相依为命。孟子的母亲对他的要求十分严格，留下了“孟母三迁”“孟母断织”等千古美谈。

孟子少时曾跟随子思（孔子之孙）学习。学成以后，以士的身份效仿孔子带领学生周游列国，游说诸侯。他曾经到过梁国、魏国、齐国、宋国、滕国和鲁国，企图推行自己的政治主张。但孟子的仁政学说被认为是迂腐、不合时宜的，从而一直没有得到君王的重用。最后，他退居讲学，和他的学生一起探讨儒家真理。后来，他的门人对他的学术思想进行了整理，集成《孟子》这本书。

孟子在政治上倡导民本思想，推行仁政；在学说上推崇孔子，

名师释疑

孟母断织：孟子对学习很不用心，于是孟母通过剪断丝帛的方式来教育孟子学习要持之以恒地努力，不能懒懒散散、半途而废。

名师指津

《孟子》这本书是由孟子本人以及他的弟子根据孟子的言论编纂而成的，书中倡导“以仁为本”，是一本语录体散文集。

攻击同时代杨朱、墨翟等人的思想主张；在治学方面，他敢于提出质疑，重视“志”和“气”的培养。

孟子是中国古代著名思想家，教育家，战国时期儒家代表人物。他继承并发扬了孔子的思想，成为仅次于孔子的一代儒家宗师，有“亚圣”之称，与孔子合称为“孔孟”。

名师指津

战国时期承启春秋乱世，七雄争霸，诸侯各国互相攻伐，强者称霸，各国开始由分裂趋向统一。在这样动荡不安的时期，激起了新旧派别和各种不同政治主张之间的斗争，出现了百家争鸣的局面。

◆ 写作背景

孟子所生活的战国中期，比孔子生活的春秋末期更为混乱，社会更加动荡不安。国家统一，社会安定，成为当时人民的最强烈愿望。但统治阶级为满足自己的欲望，聚敛财物，施行暴政，穷奢极欲，使劳动人民难以承受，人民的反抗情绪日益增长。有的国家发生了平民暴动，人民为躲避战乱，大量逃亡，社会一派混乱。孟子的“仁政”思想就是在这样一种历史背景下产生的。他到各诸侯国游说，强调以“仁政”治天下。然而当时的几个大国都致力于富国强兵，争取通过暴力的手段实现统一，他的主张不符合那些君王的需要而不被重视。

另一方面，孟子所处的时代正是一个思想十分活跃的“百家争鸣”的时代。孟子一方面继承了孔子的政治思想和教育思想等，另一方面又有所发展，形成了自己的政治和学术思想。并在与同时期其他学派如墨家、道家、法家等的激烈交锋中，维护了儒家学派的理论，也确立了自己在儒学学派中的重要地位，成为仅次于孔子的一代大儒。

名师指津

四书是儒家思想的中心，也是儒学认识论和方法论的集中表现。它在我们中华民族的思想史上产生了深远影响，是我国博大精深的文化精粹。时至今日仍有一定的教育意义。

◆ 内容概述

《孟子》是儒家的重要典籍，宋代以后与《论语》《大学》《中

庸》同列为四书，是当时初学入门和科举考试的必读书。书目一共七篇，篇目为:《梁惠王》上、下;《公孙丑》上、下;《滕文公》上、下;《离娄》上、下;《万章》上、下;《告子》上、下;《尽心》上、下。主要记载了孟子的政治活动、政治学说和他的哲学伦理、教育思想等。

孟子继承发展了孔子学说,把孔子的"仁学"思想发展为"仁政"学说，他还提出"人性本善"的观点，作为"仁政"学说的理论基础；他主张效法古代帝王尧舜治理国家的方式，力主恢复井田制，提倡推行王道，减轻赋税；在君民关系上，他主张"民贵君轻"。

性善论是孟子思想的核心理论。他认为人天生就有恻隐之心、羞恶之心、辞让之心、是非之心，这是人与禽兽的区别之所在，也是善的萌芽，而恶则是后天受外界影响而产生的。孟子强调人人皆可为尧、舜，只要后天多加努力，任何人都能成为道德完善的圣人。他大力提倡自觉修养,反对自暴自弃。孟子还认为,尽心、知性就可以知天，因此不必祈祷、占卜。

在性善论的基础上，孟子又提出了仁政学说和修养学说。

孟子在仁政学说中提出了民贵君轻的民本思想，而它的核心正是得民心者得天下,这一思想已经被历史所验证。为了得民心,孟子提出了一系列具体政策和措施，并且认为，保证百姓的温饱是进行道德教化的重要基础。

在修养学说中，孟子主要强调人的道德价值和自觉精神，提出要养浩然之气，培养"富贵不能淫，贫贱不能移，威武不能屈"

名师释疑

民贵君轻：百姓比君主更重要。这是孟子提出的思想主张，是其仁政学说的核心。这一思想对后世的思想家产生了巨大的影响。

名师指津

人在富贵面前，不能挥霍无度，要懂得节制；在贫困低贱的时候，也不能改变自己的志向；在权威的威逼下，也不能轻易屈服妥协。这才是大丈夫的所作所为。

的大丈夫精神。他还提出了“生于忧患，死于安乐”的理论，认为人要想成功，就必须自觉接受艰苦的磨炼。

◆ 经典选读

梁惠王上

梁惠王曰：“寡人之于国也，尽心焉耳矣。河内凶，则移其民于河东，移其粟于河内。河东凶亦然。察邻国之政，无如寡人之用心者。邻国之民不加少，寡人之民不加多，何也？”

文中这句，孟子用了请君入瓮的方法，用打仗作比，让梁惠王明白自己的百姓没有比邻国增加的原因。

孟子对曰：“王好战，请以战喻。填然鼓之，兵刃既接，弃甲曳兵而走。或百步而后止，或五十步而后止。以五十步笑百步，则何如？”

曰：“不可，直不百步耳，是亦走也。”

曰：“王如知此，则无望民之多于邻国也。不违农时，谷不可胜食也；数罟不入洿池，鱼鳖不可胜食也；斧斤以时入山林，材木不可胜用也。谷与鱼鳖不可胜食，材木不可胜用，是使民养生丧死无憾也。养生丧死无憾，王道之始也。

名师指津

谨慎认真地兴办学校，将孝敬父母、尊敬长辈的道理讲给百姓听，头发花白的老者就不会背负重物在道路上行走了。这体现了孟子的治民思想和主张。

“五亩之宅，树之以桑，五十者可以衣帛矣；鸡豚狗彘之畜，无失其时，七十者可以食肉矣；百亩之田，勿夺其时，数口之家可以无饥矣。谨庠序之教，申之以孝悌之义，颁白者不负戴于道路矣。七十者衣帛食肉，黎民不饥不寒，然而不王者，未之有也。

“狗彘食人食而不知检，涂有饿莩而不知发；人死则曰：‘非我也，岁也。’是何异于刺人而杀之，曰：‘非我也，兵也。’王无罪岁，斯天下之民至焉。”

齐宣王问曰：“齐桓、晋文之事可得闻乎？”

孟子对曰："仲尼之徒无道桓、文之事者，是以后世无传焉。臣未之闻也。无以，则王乎？"

曰："德何如，则可以王矣？"

曰："保民而王，莫之能御也。"

曰："若寡人者，可以保民乎哉？"

曰："可。"曰："何由知吾可也？"

曰："臣闻之胡龁曰：'王坐于堂上，有牵牛而过堂下者，王见之，曰：'牛何之？'对曰：'将以衅钟。'王曰：'舍之！吾不忍其觳觫，若无罪而就死地。'对曰：'然则废衅钟与？'曰：'何可废也？以羊易之！'不识有诸？"

曰："有之。"

曰："是心足以王矣。百姓皆以王为爱也，臣固知王之不忍也。"

王曰："然。诚有百姓者。齐国虽褊小，吾何爱一牛？即不忍其觳觫，若无罪而就死地，故以羊易之也。"

曰："王无异于百姓之以王为爱也。以小易大，彼恶知之？王若隐其无罪而就死地，则牛羊何择焉？"

王笑曰："是诚何心哉？我非爱其财而易之以羊也，宜乎百姓之谓我爱也。"

曰："无伤也，是乃仁术也，见牛未见羊也。君子之于禽兽也，见其生，不忍见其死；闻其声，不忍食其肉。是以君子远庖厨也。"

王说曰："《诗》云：'他人有心，予忖度之。'夫子之谓也。夫我乃行之，反而求之，不得吾心。夫子言之，于我心有戚戚焉。此心之所以合于王者，何也？"

名师释疑

觳觫（hú sù）：指因恐惧而发抖；恐惧颤抖的样子。

名师指津

君子面对飞禽走兽，见它们活着，就不忍心见它们死去；听到它们的哀鸣就不忍心吃它们的肉，因此君子总是远离厨房。孟子提出这样的主张，其目的是要保全君子的恻隐之心。

名师释疑

秋毫之末：鸟兽在秋天新长的细毛的尖端，比喻极微小的事物。

名师指津

让一个人将泰山夹在腋下跳过北海，这个人说："我做不到。"这是真的做不到。但是如果要一个人为老人揉揉手臂，这人说："我做不到。"这便是能做到，但不愿意做。这里孟子举例说明了不能与不愿的区别。

曰："有复于王者曰：'吾力足以举百钧，而不足以举一羽；明足以察秋毫之末，而不见舆薪。则王许之乎？'"

曰："否。"

"今恩足以及禽兽，而功不至于百姓者，独何与？然则一羽之不举，为不用力焉；舆薪之不见，为不用明焉；百姓之不见保，为不用恩焉。故王之不王，不为也，非不能也。"

曰："不为者与不能者之形何以异？"

曰："挟太山以超北海，语人曰：'我不能。'是诚不能也。为长者折枝，语人曰：'我不能。'是不为也，非不能也。故王之不王，非挟太山以超北海之类也；王之不王，是折枝之类也。

"老吾老，以及人之老；幼吾幼，以及人之幼。天下可运于掌。《诗》云：'刑于寡妻，至于兄弟，以御于家邦。'言举斯心加诸彼而已。故推恩足以保四海，不推恩无以保妻子。古之人所以大过人者，无他焉，善推其所为而已矣。今恩足以及禽兽，而功不至于百姓者，独何与？权，然后知轻重；度，然后知长短。物皆然，心为甚。王请度之！抑王兴甲兵，危士臣，构怨于诸侯，然后快于心与？"

王曰："否，吾何快于是？将以求吾所大欲也。"

曰："王之所大欲，可得闻与？"

王笑而不言。

曰："为肥甘不足于口与？轻暖不足于体与？抑为采色不足视于目与？声音不足听于耳与？便嬖不足使令于前与？王之诸臣皆足以供之，而王岂为是哉？"

曰："否，吾不为是也。"

曰："然则王之所大欲可知已，欲辟土地，朝秦楚，莅中国而抚四夷也。以若所为求若所欲，犹缘木而求鱼也。”

王曰：“若是其甚与？”

曰：“殆有甚焉。缘木求鱼，虽不得鱼，无后灾。以若所为，求若所欲，尽心力而为之，后必有灾。”

曰：“可得闻与？”

曰：“邹人与楚人战，则王以为孰胜？”

曰：“楚人胜。”

曰：“然则小固不可以敌大，寡固不可以敌众，弱固不可以敌强。海内之地，方千里者九，齐集有其一。以一服八，何以异于邹敌楚哉？盖亦反其本矣。今王发政施仁，使天下仕者皆欲立于王之朝，耕者皆欲耕于王之野，商贾皆欲藏于王之市，行旅皆欲出于王之涂，天下之欲疾其君者，皆欲赴诉于王。其若是，孰能御之？”

王曰：“吾惛，不能进于是矣。愿夫子辅吾志，明以教我。我虽不敏，请尝试之。”

曰：“无恒产而有恒心者，惟士为能。若民，则无恒产，因无恒心。苟无恒心，放辟邪侈，无不为已。及陷于罪，然后从而刑之，是罔民也。焉有仁人在位罔民而可为也？是故明君制民之产，必使仰足以事父母，俯足以畜妻子，乐岁终身饱，凶年免于死亡。然后驱而之善，故民之从之也轻。今也制民之产，仰不足以事父母，俯不足以畜妻子；乐岁终身苦，凶年不免于死亡。此惟救死而恐不赡，奚暇治礼义哉？王欲行之，则盍反其本矣！五亩之宅，树之以桑，五十者可以衣帛矣。鸡豚狗彘之畜，无失其时，七十者可以食肉矣。百亩之田，勿夺其时，八口之家可以无饥矣。

名师指津

成语“缘木求鱼”就出自于此。其意思为：用那样的办法来追求那样的目的，就像爬到树上去找鱼一样徒劳无功。比喻做事的方向、方法不对，一定达不到目的。

名师指津

小国本来就打不过大国，人少的国家本来也无法战胜人多的国家，弱国本来就抵不过强国。天下纵横千里的国家还有九个，而齐国的土地只占了其中一份，以一份的力量去征服八份，这与邹国和楚国的战争有何不同呢？孟子以此道理来劝导齐王放弃征战，施行仁政。体现了作者的仁政思想。

谨庠序之教，申之以孝悌之义，颁白者不负戴于道路矣。老者衣帛食肉，黎民不饥不寒，然而不王者，未之有也。”

告子下

任人有问屋庐子曰：“礼与食孰重？”

曰：“礼重。”

“色与礼孰重？”

曰：“礼重。”

曰：“以礼食，则饥而死；不以礼食，则得食，必以礼乎？亲迎，则不得妻；不亲迎，则得妻，必亲迎乎？”

屋庐子不能对，明日之邹以告孟子。

孟子曰：“于！答是也何有？不揣其本，而齐其末，方寸之木可使高于岑楼。金重于羽者，岂谓一钩金与一舆羽之谓哉？取食之重者与礼之轻者而比之，奚翅食重？取色之重者与礼之轻者而比之，奚翅色重？往应之曰：‘紾兄之臂而夺之食，则得食；不紾，则不得食，则将紾之乎？逾东家墙而搂其处子，则得妻；不搂，则不得妻；则将搂之乎？’”

孟子曰：“五霸者，三王之罪人也；今之诸侯，五霸之罪人也；今之大夫，今之诸侯之罪人也。天子适诸侯曰巡狩，诸侯朝于天子曰述职。春省耕而补不足，秋省敛而助不给。入其疆，土地辟，田野治，养老尊贤，俊杰在位，则有庆，庆以地。入其疆，土地荒芜，遗老失贤，掊克在位，则有让。一不朝，则贬其爵，再不朝，则削其地，三不朝，则六师移之。是故天子讨而不伐，诸侯伐而不讨。五霸者，搂诸侯以伐诸侯者也。故曰，五霸者，三王之罪人也。五霸，桓公为盛。葵丘之会，诸侯束牲载书而不歃血。

名师指津

面对任国人的诡辩，孟子一眼就识破了对方的手段，并告诉屋庐子说：“不揣其本，而齐其末，方寸之木可使高于岑楼。”其意思是不揣摩其根本的东西，而只是去比较二者的末端，就像把一个一寸高的木块放在高楼顶上，它当然会比高楼还高。

初命曰：'诛不孝，无易树子，无以妾为妻。'再命曰：'尊贤育才，以彰有德。'三命曰：'敬老慈幼，无忘宾旅。'四命曰：'士无世官，官事无摄，取士必得，无专杀大夫。'五命曰：'无曲防，无遏籴，无有封而不告。'曰：'凡我同盟之人，既盟之后，言归于好。'今之诸侯皆犯此五禁，故曰：今之诸侯，五霸之罪人也。长君之恶其罪小，逢君之恶其罪大。今之大夫皆逢君之恶，故曰：今之大夫，今之诸侯之罪人也。"

孟子曰："舜发于畎亩之中，傅说举于版筑之间，胶鬲举于鱼盐之中，管夷吾举于士，孙叔敖举于海，百里奚举于市。故天将降大任于是人也，必先苦其心志，劳其筋骨，饿其体肤，空乏其身，行拂乱其所为，所以动心忍性，曾益其所不能。

"人恒过，然后能改；困于心，衡于虑，而后作。征于色，发于声，而后喻。入则无法家拂士，出则无敌国外患者，国恒亡。然后知生于忧患，而死于安乐也。"

名师指津

成语"敬老爱幼"就出自于此。此成语的意思是：尊敬老人，爱护儿童。敬：尊敬、敬爱；慈：慈爱，爱怜。

名师指津

这篇文章孟子围绕"生于忧患，死于安乐"的论点来论述，分析了人如何才能成才，才能身兼重任的问题。他认为，人只有在艰苦的环境中磨炼自己，才能铸造出顽强的品格，坚忍的意志，才能担负更大的使命。

◆ 艺术特色

《孟子》是先秦诸子散文中的重要作品，它的艺术成就仅次于《庄子》，历来受到后人推崇。

《孟子》与《论语》同为语录体散文，但又有所不同。《论语》文字简约、含蓄，《孟子》则有很多长篇大论，言辞尖锐、气势磅礴。如果说《论语》是循循善诱的劝诫，那《孟子》就是言语犀利的辩论。

《孟子》的雄辩并不是一味说理，而是有其独到的特点：一是准确把握对方的心理，引导对方按照自己的思路走；二是感情充沛、气势强劲、是非分明。例如在《齐桓晋文之事》中，齐宣王问孟子齐桓公晋文公之事，孟子却巧妙地把话题引到王道、仁政上来。他先通过一件小事称赞齐宣王的仁心，进而批评他有仁心却不施仁政，揭穿其野心，最后指出只有施行仁政才能真正无敌于天下。在对话中，孟子始终掌握主动，使对方在不知不觉中接受了自己的思想。

名师指津

孟子善用逻辑推理学，以类比推理、欲擒故纵、迂回曲折的方式把对方引入自己预设的结论中。

除此之外，《孟子》还善于用典型事例、比喻和寓言进行说理。如《齐桓晋文之事》中，孟子就以齐宣王以羊易牛的事做切入点。这种方法在《孟子》中多次出现，如《告子上·鱼我所欲也》中的“鱼与熊掌”，《梁惠王上》中的“五十步笑百步”，《公孙丑上》中的“揠苗助长”，都是用浅显而形象的例子，引导他人接受自己的思想。

《孟子》的语言清楚明白、平实浅近。它继承并发展了《左传》《论语》等诸家散文开创的书面语言形式，形成了一种深入浅出的语言风格。

◆ 文学地位

和《论语》一成书就被奉为儒家经典不同，《孟子》在中国文学史上的地位是不断变化的。在汉朝之前，《孟子》仅作为一般的子书作品，到了唐朝，韩愈将它当作儒家的正统作品，地位慢慢上升。到了宋朝时期，《孟子》上升为经书，同《论语》《大学》《中庸》合在一起，并称《四书》。在后来的元、明、清三代，《四书》成为科举考试的科目，《孟子》成为仅次于《论语》的重要儒家经典，是学者必读书目。

名师释疑

子书：是我国古书中非常重要的一部分。最早的一批产生于百家争鸣时期。其中有不少著作是我国古代思想文化的宝贵遗产。

《孟子》在语言上继承发展了《论语》《左传》《国语》等开

创的新的书面语言形式，文章说理畅达，气势充沛并长于论辩，逻辑严密，尖锐机智，代表着传统散文写作最高峰。对中国古代散文的写作有着深远的影响。后世，像韩愈、柳宗元、欧阳修、苏轼等人的文章都受到了孟子的影响。

虽然孟子生活在距今2000多年前的战国时代，但他的性善说至今仍在中国流行。历代王朝都把他的王道、仁政学说奉为行政准则。他的良知说启发了宋明理学的革新派，他的养气说为后来的心性论提供了可贵的思想资料。仁者无敌、得道多助失道寡助的思想，也成为后来外交军事的最高指导原则。

而且，不仅中国人深受孟子思想的影响，这部哲学著作在国外也得到了广泛传播。很早以前，《孟子》就同《论语》等儒家经典传入高丽、日本、越南等国。如今，越来越多的西方学者也开始对中国哲学感兴趣，希望从类似《孟子》这种哲学书籍中找到解决当今社会问题的办法。

名师指津

《孟子》一书涵盖了社会生活的各个方面，如：政治、道德、文化、教育等，值得我们细细品味。

《庄　子》

◆ 作者简介

庄子（约前369—前286），名周，字子休（一说子沐），是中国古代著名的思想家、哲学家、文学家，也是道家学说的主要创始人。庄子生活在战国时期的宋国蒙地（今河南省境内，一说安徽省境内）。庄子从小就是一个不贪图功名利禄的人，生平只做过蒙地的漆园吏这样的小官。当时的楚王曾想请庄子做楚国的丞相，但被他断然拒绝。

他继承了老子的思想，认为“道”是真实存在的，是万物的本源。他还强调万物的自生自灭，不承认有神的主宰。

在思想上，庄子继承并发展了老子的学说，形成了属于自己的思想体系。在他看来，先天自然的事物总是比后天人为的事物要好，所以主张人不要干涉自然，一切顺应自然，这样就能摆脱人生的痛苦，达到个人的人格独立，精神的绝对自由。同时庄子认为，世界上一切事物都处在不断变化的过程中，一切事物也都是相对的，不可靠的。这体现了庄子思想中的朴素辩证因素，但他过分强调绝对的运动，而否定了事物之间存在相对静止的状态，陷入了相对主义和宿命论。在政治上，庄子主张无为而治，向往上古时期小国寡民的社会状态。

名师释疑

无为而治：无为即无不为。其实庄子讲的无为而治并不是什么也不做，而是说顺应天道自然，不可妄为。

名存实亡：名义上还有，实际上已经不存在。

《庄子》是庄子的代表作品，一般认为是由庄子本人和他的追随者共同创作的。其中著名的篇目包括《逍遥游》《齐物论》《秋水》等，文章中包含了很多寓言故事，内容想象丰富，语言变化多端，具有浓厚的浪漫主义色彩。

◆ 写作背景

《庄子》一书的写作年代正是中国社会的大变革时期。当时，名义上的君主——周天子在权力上已经名存实亡，各个诸侯国为成就自己的霸业，不惜一切手段去侵占别的国家的土地和人口。战事接连不断，社会动荡不安，百姓流离失所。经常生活在贫困边缘的庄子，对自己所处的那个时代的残酷性有着比常人更直观、更清醒的认识。

同时，社会变动也带来了人们思想上的变动。有识之士开始积极思考解决社会动乱的方法，建立自己的学说。春秋时期已经形成的诸侯卿大夫养士风气，到战国时期更加盛行。大批文人墨客汇聚到各国都城，针对社会局面，阐发各自的政治理想，畅谈人生追求。著书立说的社会风气给《庄子》的诞生提供了土壤。

庄子所在的宋国是殷商王朝后裔之国，继承了殷商的重视鬼神巫术，钟爱玄想的民风习俗。加上宋国的邻居楚国也一直盛行着神巫文化。在这样的文化习俗氛围中成长起来的庄子，天然带着一种超然色彩。在个人思想上，庄子受老子思想的影响，热爱自然，不慕名利，追求精神境界上的绝对自由。他对现实有着强烈的不满，坚决不与统治阶级合作，甚至一度拒绝帝王的高位聘请。常年穿着布衣草鞋，吃着野菜清汤，经常在濮水、涡水边垂钓，和自然中的事物做朋友。

混乱残酷的现实，独具特色的文化背景，以及先贤的思想影响，为《庄子》这本“奇书”的诞生奠定了的基础。

◆ 内容概述

《庄子》全书一共有33篇文章，分为“内篇”“外篇”“杂篇”三个部分，一般认为“内篇”的7篇是庄子本人写的，“外篇”15篇，“杂篇”11篇则是由庄子的门人弟子及其道家后学所写。

内7篇是庄子思想核心，这7篇构成了完整的庄子哲学体系。每篇篇名都为三个字，篇名就是文章主旨。

《逍遥游》是庄子哲学总纲，展现了庄子思想的境界与理想。在庄子看来现实生活中的一切包括人类本身都是对立而又相互依存的，没有绝对的自由，只有摆脱外在的一切事物的影响和制约，

名师指津

楚威王听说他的才学很高，曾派使者带着厚礼去请他做丞相。但是他却对使者说：“你看祭祀用的牛，好吃好喝喂养它几年，给它披上绣着花纹的锦缎，拉到祭祖的庙宇中去当祭品。到那时，后悔也已经来不及了。所以，我宁愿开心自在地在污水里游戏，也不愿被当权者束缚。你还是回去吧。”

名师指津

《庄子》自汉代以后被尊为《南华经》，是道家经文。庄子又被称为“南华真人”。且《庄子》与《老子》《周易》合称为“三玄”。

忘掉一切，才能达到超越的逍遥境界。

《齐物论》历来被认为是《庄子》一书中思想最丰富而精微的一篇，庄子想通过“齐物”来消解人们对世俗价值的主观判断的差异性，解开各种学派之间各说各话，互相指责的是非对立的矛盾。他认为所有辩论的争端，都来自于人类对自我的“成心”，各自怀着既有的观点进行辩论，没有一个大的、普遍为人所接受的前提，所以所有的辩论也无从解决任何争端。庄子在此篇中提出了一个透过忘言忘辩的办法，依顺着万物自然面貌，达到“道通为一”的和谐境界。

《养生主》这是一篇谈养生之道的文章。庄子认为，养生之道应不为外界事物所牵绊，忘却一般的世俗情感，顺应自然，与天地万物融为一体。

《人间世》中，庄子以为人要有慈悲心和责任感，而又能顺应自己的心性，自由自在。而做到这点，必须要知道“无用之用”的奥妙，以无用而达到大用，才是人间世合情合理的人生真实与态度。

《德充符》讲的是“道德内全”之人，外表是看不出来的。文中王骀、申徒嘉、叔山无趾等人，都是残障或丑陋的人，可是他们都是真正才德内全的圣人。我们不应执着于外表光鲜亮丽的东西，而更应该关注内在的美好。

《大宗师》大宗师就是道德与能力都达到顶点的真人或师者。在庄子看来，能“游戏三昧”，又能“同于大通”，自由来往于人间、仙境的才是真正的大宗师。

《应帝王》谈的是君主治理国家应该采用的方法。道家视宇宙万物为一体，万物在天地之间都是一样的。因此，庄子对万事

名师释疑

无用之用：意思是没有用处就是其最大的用处。

游戏三昧：指用游戏的心态，摒弃一切名利束缚，悠游自在地在世间游历。游戏，指自在没有阻碍。三昧，指“正定”，即不失定意。

万物的态度，也一样采取不区别不干预的态度。治理天下也是这个道理，顺应万物生长的规律，顺应百姓心中所想，不厚此薄彼，就能治理好国家了。

外、杂篇来源很复杂，不是出于一个人的手笔，而是经过长期积累，最后由汉朝人编汇成集，附在内篇之后的。外篇和杂篇的编纂，反映了汉朝人对庄子思想与道家体系的理解，篇目比较杂乱，中心思想也不够突出，主要是陈述庄子、黄老的思想。其中外篇《秋水》、杂篇《寓言》、杂篇《天下》三篇比较有价值。

名师释疑

厚此薄彼：重视或优待一方，轻视或慢待另一方，指对人或事不同等看待。

◆ 经典选读

北冥有鱼，其名为鲲。鲲之大，不知其几千里也;化而为鸟，其名为鹏。鹏之背，不知其几千里也;怒而飞，其翼若垂天之云。是鸟也，海运则将徙于南冥。南冥者，天池也。

名师指津

这里先写出了鹏鸟巨大的身形，突出它的背和羽翼的强健有力。为下文中写“击水三千里”“直上九万里”做准备。突出了鹏鸟遨游天际，俯视沧海的博大情怀。

齐谐者，志怪者也。谐之言曰：“鹏之徙于南溟也，水击三千里,抟扶摇而上者九万里,去以六月息者也。”野马也,尘埃也,生物之以息相吹也。天之苍苍，其正色邪？其远而无所至极邪？其视下也，亦若是则已矣。

且夫水之积也不厚,则其负大舟也无力。覆杯水于坳堂之上,则芥为之舟。置杯焉则胶，水浅而舟大也。风之积也不厚，则其负大翼也无力。故九万里则风斯在下矣，而后乃今培风；背负青天，而莫之夭阏者，而后乃今将图南。

蜩与学鸠笑之曰：“我决起而飞，抢榆枋，时则不至，而控于地而已矣，奚以之九万里而南为？”适莽苍者，三餐而反，腹犹果然；适百里者，宿舂粮；适千里者，三月聚粮。之二虫又何知！

——《庄子·逍遥游》内篇

南郭子綦隐机而坐，仰天而嘘，苔焉似丧其耦。颜成子游立侍乎前，曰："何居乎？形固可使如槁木，而心固可使如死灰乎？今之隐机者，非昔之隐机者也？"子綦曰："偃，不亦善乎而问之也！今者吾丧我，汝知之乎？女闻人籁而未闻地籁，女闻地籁而未闻天籁夫！"

子游曰："敢问其方。"子綦曰："夫大块噫气，其名为风。是唯无作，作则万窍怒呺。而独不闻之翏翏乎？山林之畏佳，大木百围之窍穴，似鼻，似口，似耳，似枅，似圈，似臼，似洼者，似污者。激者、謞者、叱者、吸者、叫者、譹者、宎者，咬者，前者唱于而随者唱喁，泠风则小和，飘风则大和，厉风济则众窍为虚。而独不见之调调之刁刁乎？"

子游曰："地籁则众窍是已，人籁则比竹是已；敢问天籁。"子綦曰："夫吹万不同，而使其自已也。咸其自取，怒者其谁邪？"

——《庄子·齐物论》内篇

庖丁为文惠君解牛，手之所触，肩之所倚，足之所履，膝之所踦，砉然响然，奏刀騞然，莫不中音，合于《桑林》之舞，乃中《经首》之会。

文惠君曰："嘻，善哉！技盖至此乎？"庖丁释刀对曰："臣之所好者道也，进乎技矣。始臣之解牛之时，所见无非牛者；三年之后，未尝见全牛也。方今之时，臣以神遇而不以目视，官知止而神欲行。依乎天理，批大郤，导大窾，因其固然，技经肯綮之未尝，而况大軱乎！良庖岁更刀，割也；族庖月更刀，折也。

名师释疑

舂(chōng)粮：把谷物放在石臼或乳钵里用杵撞击，使其去掉谷壳。指准备粮食。

砉(huā)然：象声词，形容皮骨相离的声音。

騞(huō)然：象声词，是比砉然更大的解剖牛的声音。

窾(kuǎn)：空隙。这里指牛骨节间的空隙。

名师指津

天籁虽然有万种不同，但是他们的发生和停止都是源于自身，那么发动者还能有谁呢？这句话体现了庄子认为万物自生自灭，否定有神主宰的思想。

今臣之刀十九年矣，所解数千牛矣，而刀刃若新发于硎。彼节者有间，而刀刃者无厚。以无厚入有间，恢恢乎其于游刃必有余地矣，是以十九年而刀刃若新发于硎。虽然，每至于族，吾见其难为，怵然为戒，视为止，行为迟，动刀甚微，謋然已解，如土委地。提刀而立，为之四顾，为之踌躇满志，善刀而藏之。”文惠君曰：“善哉！吾闻庖丁之言，得养生焉。”

——《庄子·养生主》

秋水时至，百川灌河。泾流之大，两涘渚崖之间，不辩牛马。于是焉河伯欣然自喜，以天下之美为尽在己；顺流而东行，至于北海，东面而视，不见水端。于是焉河伯始旋其面目，望洋向若而叹曰：“野语有之，曰‘闻道百，以为莫己若’者，我之谓也。且夫我尝闻少仲尼之闻而轻伯夷之义者，始吾弗信；今我睹子之难穷也，吾非至于子之门，则殆矣，吾长见笑于大方之家。”北海若曰：“井蛙不可以语于海者，拘于虚也；夏虫不可以语于冰者，笃于时也；曲士不可以语于道者，束于教也。今尔出于崖涘，观于大海，乃知尔丑，尔将可与语大理矣。天下之水，莫大于海，万川归之，不知何时止而不盈；尾闾泄之，不知何时已而不虚；春秋不变，水旱不知。此其过江河之流，不可为量数。而吾未尝以此自多者，自以比形于天地，而受气于阴阳，吾在于天地之间，犹小石、小木之在大山也。方存乎见少，又奚以自多！计四海之在天地之间也，不似礨空之在大泽乎？计中国之在海内不似稊米之在太仓乎？号物之数谓之万，人处一焉；人卒九州，谷食之所生，舟车之所通，人处一焉，此其比万物也，不似豪末之在于马体乎？五帝之所连，三王之所争，仁人之所忧，任士之所劳，尽

名师指津

这体现了庄子看待事物的相对性观点。思想意识没有达到那一境界是无法体会那一境界中的事情的。

名师释疑

礨(lěi)空：小洞、小穴、蚂蚁洞。

此矣。伯夷辞之以为名，仲尼语之以为博。此其自多也，不似尔向之自多于水乎？”

——《庄子·秋水》外篇

◆ 艺术特色

《庄子》这本书的艺术特色主要表现在三个方面。

文章的语言简洁明了。形式上而言，句子或长或短，或顺或倒，不拘一格，却生动活泼，并运用多种多样的艺术手法使得文章在视觉上有一种形式的美。最直接的体现就是在行文过程中使用大量的比喻与象征手法来表达思想。庄子将精辟、巧妙的比喻和神奇、丰富的寓言融合在一起，不仅避免了枯燥的说教，反而激起读者的阅读兴趣，起到了很好的效果。在描述藐姑射山上的神仙，描述庖丁解牛的动作，还有描述泉水干涸之后的两条鱼儿的相濡以沫时都具有很浓厚文学色彩，令人过目难忘，回味无穷。同时，庄子在写文章的时候，随意变换话题，给人一种奇特突兀的感觉，但在传达思想上却始终在一条线上。

名师释疑

相濡以沫：泉水干涸，鱼靠在一起以唾沫相互湿润（《庄子·大宗师》），后用来比喻同处困境，相互救助。

《庄子》整本书中共有大小寓言 200 多个，其中短的只 20 多个字，而长的有达上千个字的；有些篇目全部是由寓言组合而成的，而有些篇目干脆通篇就是一个寓言。像这样借助寓言来传达作者思想的,在中国文学史上极为少见。在这些语言中,古今人物、骷髅幽魂、草虫树石、大鹏小雀，无奇不有，出人意表，迷离荒诞，这使得文章充满了诡奇多变的色彩。《庄子》的寓言特色不仅在于它的数量之多，还在于它的“多义性”。尽管庄子创造了如此大量丰富多彩、变化多姿的艺术形式的寓言，但寓意却是模糊的。他在讲故事时，并没有明白、精确地点明他要表述的意思，而是借助故事中的形象自然流露出来，这就使得寓意就变得具有多面性。一个寓言，需要读者再三体味，才能领悟其深层含义；或者同一寓言，不同的人读到会有不同的理解。在这种寓言的背后，有着无穷的万象和不尽的意蕴，让人能够捕捉一二，却又难以全部领悟，因此增加它内涵的丰富和模糊的美。可以说，庄子在创造这些寓言的时候，本身就运用了直观形象思维，因而也要靠读者的智慧加上灵悟的直觉才能真正明白其中所蕴含的道理。正因为这样，历来对《庄子》寓言的解释也是千差万别。这大概也是《庄子》能吸引古往今来这么多人的魅力所在吧。

名师指津

正所谓“一千个读者心中有一千个哈姆雷特”，每个人的阅历不同，人生经历不同，对文章的理解和体悟也是不同的。

第三，在庄子的笔下，像斑鸠、蝉、小雀、小虾、甲鱼以及风、栎树、铜铁等这些东西都被赋予了细腻的人类情感，有些甚至比人的情感更加真实、更加自然，它们都被描写得栩栩如生，有情、有声、有色。通读《庄子》，我们不难看出运用这种描绘手法主要用于两种对象。其一，用精彩的手法描写自然中的景物。在《齐物论》中，庄子对风这种最常见的自然现象进行了这样的描述，“夫大块噫气，其名为风。是唯无作，作则万窍怒呺。而独不闻之翏翏乎？山林之畏佳，大木百围之窍穴，似鼻，似口，似耳，似枅，似圈，似臼，似洼者，似污者。激者、謞者、叱者、吸者、叫者、譹者、宎者，咬者，前者唱于而随者唱喁，泠风则小和，飘风则大和，厉风济则众窍为虚。而独不见之调调之刁刁乎？”，在庄子丰富的想象力之下，风被描绘得有形有象，有动有静，千变万化，气势磅礴。其二，《庄子》中对人物性格的刻画是庄子成功运用描写手法来突出说理效果最突出的体现。如《逍遥游》中仙人的描写：“肌肤若冰雪，绰约若处子；不食五谷，吸风饮露；乘云气，

名师释疑

呼之欲出：形容人像等画得逼真，似乎叫一声人就会从画里走出来。泛指文学作品中人物的描写十分生动。

游刃有余：厨师把整个牛分割成块，技术熟练，刀子在牛的骨缝间自由移动着，没有一点阻碍（《庄子·养生主》）。形容做事熟练，轻而易举。

望洋兴叹：本意指在伟大的事物面前感叹自己的渺小，今多指要做一件事而力量不够，感到无可奈何。

朝三暮四：原比喻聪明人善于使用手段，愚笨的人不善于辨别事情，后来形容反复无常。

御飞龙，而游乎四海之外。”一种飘然潇洒的神仙姿态呼之欲出，引人遐想，令人倾慕。庄子的人物刻画入木三分，也是《庄子》文学价值精华所在。

◆ 文学地位

《庄子》这本书对于我们每个人来说都不会太陌生，单从我们日常生活中使用的成语来看，像“游刃有余”“望洋兴叹”“朝三暮四”等就是从《庄子》里变化而来的，可见《庄子》的影响已经深入中国人的日常生活。

《庄子》作为一部文学作品，在我国文学史上占有重要地位。郭沫若认为，秦汉以来的中国文学史差不多有一大半是在《庄子》的影响下发展的。闻一多也说：“中国人的文化上永远留着庄子的烙印。”这些话绝不是夸张，《庄子》在文学上的影响是多方面的，从寓言到小说，从诗歌到散文，从形式到内容，从文学到哲学，无一不留有庄子的影子，甚至在中国的艺术史上也多少带有庄子的印记。自从《庄子》成书以来，历代的大文豪、大作家几乎没有一个不受到它的熏陶。其中著名的就有竹林七贤、陶渊明、李白、韩愈、苏轼等，他们有的在思想上，效仿庄子的愤世嫉俗、旷达不羁；有的在艺术上，汲取《庄子》的精华，并加以发挥，从而创造了许多中国古代文学史上多姿多彩的艺术作品。

《庄子》在文学史上的影响首先体现在将寓言作为一种文学形式加以运用。在庄子的笔下，寓言不再仅仅是说理的工具，而是具有了几近独立的地位。这种文学形式的变化，直接影响了后世文人的寓言创作和小说创作。其次体现在文章的浪漫主义风格，

热情洋溢的文字，突破常规的想象，缤纷瑰丽的辞藻和天马行空的文思，使得《庄子》成为我国浪漫主义文学的源头，影响了包括咏怀诗、玄言诗、游仙文学、山水文学、田园文学、志怪文学等一大批文学形式。再次，庄子那种蔑视权势利禄，追求独立自由人格和逍遥自适生命境界的精神，对于一直沉浸在儒家“修身、齐家、治国、平天下”观念中的中国人来说无疑是打开了另一个世界的窗口，引导人们走向另一种生命道路。阮籍、嵇康不拘礼教、任性不羁、愤世嫉俗的人格表现，陶渊明“不为五斗米折腰”而宁愿“采菊东篱下”的人生态度，甚至欧阳修流连山水时“醉翁之意不在酒，在乎山水之间也”的理想，无一不留有庄子的影子。李白、苏轼在人生的大起大落面前，能够不惊不乱，旷达自适，都可看出庄子的影响。

可以说，只要你想要了解中国文学，想要了解中国人的思想，《庄子》都是不能不读的。

名师释疑

志怪：记述神仙鬼怪的小说，主要指魏晋时代的作品，也包括汉代同一类型的作品。

名师指津

庄子为了追寻自我，达到了“无何有之乡”的精神境界。他出世的隐逸神格和自然人格是他理想人格的体现。他这样的思想和追求，不光影响了李白、苏轼等著名诗人，也影响了一代又一代的后人。

《左　传》

◆ 作者简介

左丘明（前 502—前 422），中国春秋末期鲁国史学家、文学家，大概与孔子生活在同一时期。他的祖上世代都是史官，左丘明也继承了父亲的职位，在鲁国担任左史官。左丘明在任时尽职尽责，德才兼备，为人所崇拜。孔子也对他赞誉有加。

名师指津

左丘明饱谙经史、品格高尚，被世人所尊重。孔子也将其视为君子，并尊称他为左丘明。孔子称：“左丘明耻之，丘亦耻之”，意思是左丘明与他共好恶。

左丘明晚年双目失明，因为春秋时有一种称为“瞽”的盲史官，主要是记诵、讲述有关古代历史和传说，口耳相传，以补充和丰富文字的记载，左丘明就是这一类人，所以人们也称他为“盲左”。

名师释疑

瞽（gǔ）：眼睛瞎，或没有识别能力。

左丘明学识渊博，博览天文、地理、文学、历史等大量古籍。为了著述历史，左丘明曾与孔子一同前往周室，在周太史那里查阅档案资料。回到鲁国后，孔子便写了文字简明的《春秋》，而左丘明则写成了内容浩繁的《左传》。《左传》也称《左氏春秋》《春秋左氏传》《春秋内传》，与《公羊传》《谷梁传》同为解释《春秋》的三传之一，其中记录了很多西周、春秋时期的重要史事，保存了具有很高价值的原始资料。

名师指津

《左传》是我国古代首部叙述详细的编年体史书，也是一部战略著作。对于我们研究中国古代先秦的历史有不可估量的价值。

◆ 内容概述

《左传》是先秦时代内容最丰富、规模最宏大的历史著作。全书共18万余字，原名《左氏春秋》，汉代改为《春秋左氏传》，简称《左传》，是中国古代记述春秋时期周王室与各诸侯国历史事迹的编年体史书。

名师指津

《左传》一书语言简洁精炼，极具表现力，并且善于运用比喻，注重描摹，达到了很高的文学成就，具有很高的文学价值。

《左传》记事基本上以《春秋》记载的鲁国十二公为次序。全书按照鲁国国君的即位顺序，始于鲁隐公元年（前722），迄于鲁哀公十四年（前481），前后记事长达241年。在《左传》中，记事以晋国最为详细，鲁国、楚国次之，郑国、齐国又次之，卫、宋、周、吴、秦、越、陈等国更次之。

书中比较全面地记述了春秋时代各主要诸侯国在政治、经济、军事和文化等方面所发生的事件，对王室衰微、诸侯争霸、统治阶级腐朽残暴、宗法制度崩溃，以及各种制度礼仪、社会

风俗、道德观念、天文地理、历法时令、古代文献、神话传说、歌谣谚语等都有大量记叙。《左传》比较客观地反映了各诸侯国之间，各诸侯国内部统治集团之间的争权斗争以及劳动人民与统治者之间的斗争。可以说，它在一定程度上真实地反映了那个时代的历史面貌，是对研究中国古代社会很有价值的历史文献。书中对于许多有作为的著名历史人物如：郑庄公、齐桓公、晋文公、管仲、赵衰、子产、晏婴的业绩予以赞扬肯定，对于统治者的凶恶残暴、骄奢淫逸的行为则予以批判，主张重人事、轻天命，提出了“社稷无常奉，君臣无常位”的进步历史观。

另一方面，书中表示维护“君义、臣行、父慈、子孝”等剥削阶级观念，对于统治阶级内部的革新措施和劳动人民的反抗活动予以否定和诬蔑，表现了它的局限性。

名师指津

国家没有固定的供奉祭祀的人选，君臣之间也没有固定的位子。就是说如果国君昏庸无能，国家就可以换掉供奉祭祀的人选、君臣之间就可以互相调换位子，这些都是正常的，不用大惊小怪。

◆ 经典选读

隐公元年·郑伯克段于鄢

初，郑武公娶于申，曰武姜。生庄公及共叔段。庄公寤生，惊姜氏，故名曰“寤生”，遂恶之。爱共叔段，欲立之，亟请于武公，公弗许。及庄公即位，为之请制。公曰：“制，岩邑也，虢叔死焉。佗邑唯命。”请京，使居之，谓之京城大叔。祭仲曰：“都城过百雉，国之害也。先王之制，大都不过参国之一，中五之一，小九之一。今京不度，非制也，君将不堪。”公曰：“姜氏欲之，焉辟害？”对曰：“姜氏何厌之有？不如早为之所，无使滋蔓。蔓，难图也。蔓草犹不可除，况君之宠弟乎？”公曰：“多行不义，必自毙，子姑待之。”既而大叔命西鄙北鄙贰于己。公子吕曰：“国不堪贰，君将若之何？欲与大叔，臣请事之；若弗与，则请除之。无生民心。”公曰：“无庸，将自及。”大叔又收贰以为己邑，至于廪延。子封曰：“可矣。厚将得众。”公曰：“不义不暱，厚将崩。”大叔完聚，缮甲兵，具卒乘，将袭郑。夫人将启之。公闻其期，曰：“可矣！”命子封帅车二百乘以伐京。京叛大叔段。段入于鄢。公伐诸鄢。五月辛丑，大叔出奔共。

名师指津

不符合正义和道德的事情做多了必然会自己走向灭亡，你姑且慢慢等待吧。这句话后来演变为成语：多行不义必自毙。

书曰:“郑伯克段于鄢。”段不弟，故不言弟;如二君，故曰克;称郑伯，讥失教也；谓之郑志。不言出奔，难之也。

遂寘姜氏于城颍，而誓之曰：“不及黄泉，无相见也。”既而悔之。

颍考叔为颍谷封人，闻之，有献于公。公赐之食。食舍肉。公问之。对曰：“小人有母，皆尝小人之食矣，未尝君之羹。请以遗之。”公曰：“尔有母遗，繄我独无！”颍考叔曰：“敢问何谓也？”公语之故，且告之悔。对曰：“君何患焉？若阙地及泉，隧而相见，其谁曰不然？”公从之。公入而赋：“大隧之中，其乐也融融！”姜出而赋：“大隧之外，其乐也泄泄。”遂为母子如初。

君子曰：颍考叔，纯孝也。爱其母，施及庄公。诗曰：“孝子不匮，永锡尔类。”其是之谓乎？

名师指津

这句话的意思是：孝子的孝心没有穷尽，可以永远赐予和你一样的人。

庄公十年·曹刿论战

十年春，齐师伐我。公将战，曹刿请见。其乡人曰："肉食者谋之，又何间焉？"刿曰："肉食者鄙，未能远谋。"乃入见，问："何以战？"公曰："衣食所安，弗敢专也，必以分人。"对曰："小惠未遍，民弗从也。"公曰："牺牲玉帛，弗敢加也，必以信。"对曰："小信未孚，神弗福也。"公曰："小大之狱，虽不能察，必以情。"对曰："忠之属也，可以一战，战则请从。"

公与之乘，战于长勺。公将鼓之，刿曰："未可。"齐人三鼓。刿曰："可矣。"齐师败绩。公将驰之，刿曰："未可。"下视其辙，登轼而望之，曰："可矣。"遂逐齐师。

既克，公问其故。对曰："夫战，勇气也。一鼓作气，再而衰，三而竭。彼竭我盈，故克之。夫大国，难测也，惧有伏焉。吾视其辙乱，望其旗靡，故逐之。"

僖公二十八年·晋楚城濮之战

夏，四月戊辰，晋侯、宋公、齐国归父、崔夭、秦小子慭次于城濮。楚师背酅而舍，晋侯患之。听舆人之诵曰："原田每每，舍其旧而新是谋。"公疑焉。子犯曰："战也！战而捷，必得诸侯；若其不捷，表里山河，必无害也。"公曰："若楚惠何？"栾贞子曰："汉阳诸姬，楚实尽之。思小惠而忘大耻，不如战也。"晋侯梦与楚子搏，楚子伏己而盬其脑，是以惧。子犯曰："吉。我得天，楚伏其罪，吾且柔之矣！"

子玉使斗勃请战，曰："请与君之士戏，君冯轼而观之，得臣与寓目焉。"晋侯使栾枝对曰："寡君闻命矣。楚君之惠，未之

名师指津

成语"一鼓作气"就出自于此，意思是：打仗靠士气，擂一通鼓，勇气振作起来了，两通鼓，勇气就衰退了，三通鼓，勇气就没有了。后来用"一鼓作气"指趁劲头大的时候抓紧做，一下子把事情完成。

名师释疑

盬（gǔ）：吮吸。

敢忘，是以在此。为大夫退，其敢当君乎！既不获命矣，敢烦大夫谓二三子：戒尔车乘，敬尔君事，诘朝将见。”

晋车七百乘，韅靷鞅靽。晋侯登有莘之墟以观师，曰：“少长有礼，其可用也。”遂伐其木，以益其兵。

己巳，晋师陈于莘北，胥臣以下军之佐当陈、蔡。子玉以若敖之六卒将中军，曰：“今日必无晋矣！”子西将左，子上将右。胥臣蒙马以虎皮，先犯陈、蔡。陈、蔡奔，楚右师溃。狐毛设二旆而退之，栾枝使舆曳柴而伪遁，楚师驰之，原轸、郤溱以中军公族横击之。狐毛、狐偃以上军夹攻子西，楚左师溃。楚师败绩。子玉收其卒而止，故不败。

晋师三日馆，谷，及癸酉而还。甲午，至于衡雍，作王宫于践土。

乡役之三月，郑伯如楚致其师。为楚师既败而惧，使子人九行成于晋。晋栾枝入盟郑伯。五月丙午，晋侯及郑伯盟于衡雍。丁未，献楚俘于王：驷介百乘，徒兵千。郑伯傅王，用平礼也。己酉，王享醴，命晋侯宥。王命尹氏及王子虎、内史叔兴父，策命晋侯为侯伯，赐之大辂之服、戎辂之服，彤弓一，彤矢百，玈弓矢千，秬鬯一卣，虎贲三百人。曰：“王谓叔父：‘敬服王命，以绥四国，纠逖王慝。’”晋侯三辞，从命，曰：“重耳敢再拜稽首，奉扬天子之丕显休命。”受策以出。出入三觐。

卫侯闻楚师败，惧，出奔楚，遂适陈。使元咺奉叔武以受盟。癸亥，王子虎盟诸侯于王庭，要言曰：“皆奖王室，无相害也。有渝此盟，明神殛之，俾队其师，无克祚国，及而玄孙，无有老幼。”君子谓是盟也信，谓晋于是役也，能以德攻。

初，楚子玉自为琼弁玉缨，未之服也。先战，梦河神谓己曰：

名师指津

晋文公登上古莘旧城的废墟，检阅军容后，说：“军位高低排列有序，合于礼，可以作战了。”

名师释疑

殛（jí）：惩罚。

"畀余，余赐女孟诸之麋。"弗致也。大心与子西使荣黄谏，弗听。荣季曰："死而利国，犹或为之，况琼玉乎！是粪土也，而可以济师，将何爱焉？"弗听。出，告二子曰："非神败令尹，令尹其不勤民，实自败也。"既败，王使谓之曰："大夫若入，其若申、息之老何？"子西、孙伯曰："得臣将死，二臣止之，曰：'君其将以为戮。'"及连榖而死。

晋侯闻之，而后喜可知也。曰："莫余毒也已！蔿吕臣实为令尹，奉己而已，不在民矣。"

僖公三十年·烛之武退秦师

九月甲午，晋侯、秦伯围郑，以其无礼于晋，且贰于楚也。晋军函陵，秦军氾南。佚之狐言于郑伯曰："国危矣！若使烛之武见秦君，师必退。"公从之。辞曰："臣之壮也，犹不如人；今老矣，无能为也已。"公曰："吾不能早用子，今急而求子，是寡人之过也。然郑亡，子亦有不利焉。"许之。

夜，缒而出。见秦伯，曰："秦、晋围郑，郑既知亡矣。若亡郑而有益于君，敢以烦执事。越国以鄙远，君知其难也；焉用亡郑以陪邻？邻之厚，君之薄也。若舍郑以为东道主，行李之往来，共其乏困，君亦无所害。且君尝为晋君赐矣。许君焦、瑕，朝济而夕设版焉，君之所知也。夫晋，何厌之有？既东封郑，又欲肆其西封；不阙秦，将焉取之？阙秦以利晋，唯君图之。"

秦伯说，与郑人盟，使杞子、逢孙、扬孙戍之，乃还。

子犯请击之。公曰："不可。微夫人之力不及此。因人之力而敝之，不仁；失其所与，不知；以乱易整，不武。吾其还也。"亦去之。

名师释疑

东道主：请客的主人。后世用这个词作"主人"的代称。

名师指津

如果不是秦穆公的帮助，我就不会有今天。然而借助了别人的力量反过来去伤害他，这是不仁义的；失去自己的同盟者，这是不明智的；用矛盾冲突代替团结一致，这是不武。

襄公三十一年·子产不毁乡校

郑人游于乡校，以论执政。然明谓子产曰："毁乡校，何如？"子产曰："何为？夫人朝夕退而游焉，以议执政之善否。其所善者，吾则行之；其所恶者，吾则改之，是吾师也，若之何毁之？我闻忠善以损怨，不闻作威以防怨。岂不遽止？然犹防川：大决所犯，伤人必多，吾不克救也；不如小决使道。不如吾闻而药之也。"

然明曰："蔑也今而后知吾子之信可事也。小人实不才。若果行此，其郑国实赖之，岂唯二三臣？"

仲尼闻是语也，曰："以是观之，人谓子产不仁，吾不信也。"

名师指津

这句话的意思是：按这些话来看，人们说子产不仁，我可不信。但是，说这句话时孔子才十岁，因此这句话是后来加上的。

定公四年·申包胥如秦乞师

初，伍员与申包胥友。其亡也，谓申包胥曰："我必复楚国。"申包胥曰："勉之！子能复之，我必能兴之。"及昭王在随，申包胥如秦乞师，曰："吴为封豕长蛇，以荐食上国，虐始于楚。寡君失守社稷，越在草莽，使下臣告急，曰：'夷德无厌，若邻于君，疆场之患也。逮吴之未定，君其取分焉。若楚之遂亡，君之土也。若以君灵抚之，世以事君。'"秦伯使辞焉，曰："寡人闻命矣。子姑就馆，将图而告。"对曰："寡君越在草莽，未获所伏，下臣何敢即安？"立，依于庭墙而哭，日夜不绝声，勺饮不入口七日。秦哀公为之赋《无衣》。九顿首而坐，秦师乃出。

名师释疑

申包胥：春秋时期楚国大夫。我国古代的忠贤典范。

◆ 艺术特色

《左传》因其在文学和语言上的巨大成就，也被称为一部历史散文著作。《左传》叙事详细完整，富于完整性、戏剧性，有紧张动人的情节，结构布局紧凑。

书中随处可见引人入胜的情节，生动逼真的细节和场面，这大大增强了叙事的趣味性。尤其在写战争方面。很多著名的战事都写得曲折而完整，精彩动人，作者不仅写出纷纭复杂的战争过程，而且注重交代与战争有关的政治、外交等活动，具体揭示战争的背景及胜负原因。

其次，书中塑造了一大批个性鲜明的人物。作者在历史事件的发展中，通过主人公的所作所为，构成相对完整的形象。对一些次要人物，写出一两个富于特征的细节，便收到形神毕肖，声情并现的效果，如写先轸发怒只用了四个字“不顾而唾”，就起到画龙点睛的效果。又如在写申包胥如秦乞师时，“依于庭墙而哭”，将人物的形象生动展现在眼前，令人印象深刻。

再次，《左传》记载了很多文采斐然的辞令。这些辞令的共同特点是委婉巧妙，典雅从容，在彬彬有礼的外表下包藏着锋芒。即使是敌国交战，兵戎相见之际，也不失温文尔雅之态。例如齐晋鞌之战前夕齐侯与晋人的一段对话中，齐侯的态度很强硬，晋国也不示弱，但双方的辞令却又委婉谦恭，温文尔雅，使人难以相信这是在面临一场你死我活的战斗。在论辩方式上，《左传》中的辞令又往往援引典章，依礼而论，用道义的力量使人折服，也有些辞令直率有力，分析鞭辟入里。体现了作者写史的深厚功力。

◆ 文学地位

《左传》在史学中的地位被评论为继《尚书》《春秋》之后，开《史记》《汉书》先河的重要典籍。《左传》不仅开中国传统史学之先河，后代的大史学家司马迁、班固等无不从中汲取营养，

名师指津

《左传》中除了政治、军事战争等方面的记载之外，对天文、占卜、鬼神等方面也有记述。

名师指津

《左传》是一部叙事能力很强的作品，许多纷乱繁杂、复杂多变的历史事件都描写得条理分明、整齐有序。并将人物及事件，以简洁而富有文采的语言描绘出来。

名师释疑

不顾而唾：头也不回地啐唾沫。形容人盛怒的样子。

而且也标志着中国历史散文的巨大发展。它上承《尚书》《春秋》，下启《战国策》《史记》，代表了先秦史学和文学的最高成就，是研究先秦历史和春秋时期历史的重要文献，对后世的史学产生了很大影响，特别是对确立编年体史书的地位起了很大作用。

《左传》对于中国文学的影响主要表现在散文和小说上。散文方面，战国以后的历史散文直接受《左传》的影响。《左传》对后世散文的影响是极其深远的。尤其是唐宋散文诸家，无不视《左传》为学习楷模，朝夕诵读，反复揣摩。中国古代散文的政治色彩和讲究情致韵味的传统，其形成都与《左传》的写作特点有关。对于小说，《左传》所形成的史传文学在作品思想内容、结构形式和表现手法等方面，都对古代小说的发展产生了重大影响。中国小说的人物描写着重记录人物性格富有行动性、直观性的特征，而很少作主观静态的刻画，这种写法就是从《左传》中得来的。而且以人物本身的言行来表现其形象，在人物描述中自然体现作者的褒贬的"春秋"笔法处处可见。同时，细节描写的手法也已成为中国古代小说塑造人物、展开情节不可缺少的艺术手段。无论是魏晋志人、志怪小说，唐宋传奇、话本小说，还是明清长篇白话小说，在每一个阶段都可看到《左传》的影响。

《左传》为后世文学创作提供了丰富的可供借鉴的经验，在体制、容量、手段等诸多方面，它都具备了长篇叙事文学的雏形。这部伟大著作的艺术成就是极具开创性的，具有重大的奠基意义，因此它在中国文学史上占有重要而突出的地位。

名师释疑

编年体：此类史书一般以时间为中心，按照年、月、日编排史实。它是我国传统史书的一种体裁。也是我国古代编写历史最早、最简单的方法。如：《春秋》《资治通鉴》等，就是编年体史书。

春秋笔法：是孔子首创的描写手法，如今是说文章用笔曲折且含有褒贬意义的写作手法。它一般含蓄地表达作者的思想感情，而不直接表明态度。也称"微言大义"。

《史 记》

◆ 作者简介

司马迁（前 145 或前 135—前 87 或前 90），字子长，左冯翊夏阳（今陕西韩城西南）人。他是中国古代伟大的史学家、文学家、思想家，被后人尊为“史圣”。

司马迁 10 岁时就开始学习古文，先后向当时的大儒董仲舒、孔安国学习经典。他学习十分认真刻苦，遇到疑难问题，总是反复思考，直到弄明白为止。20 岁的时候，司马迁从京师长安南下漫游，游览了江淮流域和中原一带，考察当地风俗，采集民间传说。后来，司马迁还跟随汉武帝多次到西方巡游，并奉命出使巴蜀地区。这些实践活动大大丰富了司马迁的历史知识和生活经验，扩大了司马迁的胸襟和视野，更重要的是使他接触到广大人民的经济生活，体会到人民的思想感情和愿望。这对他后来创作《史记》有很重要的意义。

名师指津

《史记》的取材十分广泛。从当时流行的《世本》《国语》《秦记》到诸子百家的著作，都是很好的写作材料。此外，他在这一时期的游学，也为《史记》积累了不少现实的素材。

后来，司马迁继承父亲司马谈的官职，成为汉朝的太史令，主要掌管天时星历，管理皇家图籍。太初元年（前 104），司马迁和同事共同制定《太初历》，这是中国第一部有完整文字记载的历法。此后，司马迁开始撰写《史记》。

正当司马迁专心著述的时候，巨大的灾难降临在他的头上。天汉二年（前 99），李陵抗击匈奴，兵败投降，朝野震惊。司马迁为李陵求情，汉武帝大怒，认为他是在替李陵游说，打击士气，因此降罪于他。天汉三年（前 98），司马迁下“蚕室”，受“腐刑”，遭受了极大的摧残。他想到了死，但为完成著作，又强撑下来。司马迁出狱后，担任中书令，发奋著书，最终完成《史记》。据推测，司马迁大概卒于武帝末年。

名师指津

司马迁之所以忍受屈辱活着，并完成这部著作，和他父亲的遗命有着不可分割的关系。他的父亲司马谈弥留之际嘱托他一定要完成编纂历史的大任。

◆ 写作背景

司马迁的家乡南邻黄河，北面就是著名的龙门山。司马迁从小与农夫牧童为伴，在饱览故乡山河名胜的同时，也有机会听到许多相关的历史传说和故事。乡土文化培育了司马迁灵秀豪迈的气质。司马迁的父亲司马谈曾任太史令，是一位刻苦勤奋的学者，他知识广博，对诸子百家学说有深入系统的研究。他兼容并包又崇尚道家的学术思想对司马迁有直接的影响。

司马迁自幼受到良好的文化熏陶，养成了爱读书的好习惯。他从10岁就开始诵读用古文字写的文献，上至尧舜禹三代的典籍，下至西汉盛世的辞赋，都有涉猎。至于诸子百家的著作，春秋战国到秦汉之际的史料，乃至朝廷的公文档案，也都是他阅读的对象。此外，司马迁早在20岁时，便离开首都长安遍踏名山大川，实地考察历史遗迹，了解到许多历史人物的逸闻轶事以及许多地方的民情风俗和经济生活，开阔了眼界，扩大了胸襟。这些经历为他创作《史记》奠定了坚实的基础。

名师释疑

逸闻轶事：指遗留下来的，不为世人所知但是很感兴趣的传说故事。多指史书上没有记载的事迹。

父亲去世后，司马迁继任太史令，继承父亲的编史遗志，开始了《史记》的写作。但是，祸从天降，就在他开始编写《史记》不久便遭遇了李陵之祸。最初，司马迁旨在继承古代史学传统，把修史看作是单纯记录功臣明君事业，赞颂前人功绩之类的工作。但是经过李陵之祸以后，他的形体和精神都受到摧残，心情发生了很大变化，开始意识到史的巨大作用，于是他调整了修史动机。

名师指津

李陵与匈奴对战失利，战败投降匈奴。司马迁因为看不惯朝中大臣见风使舵，帮李陵说话而触怒了汉武帝，最后惨遭宫刑。

修史在他看来不再仅仅是对历史的总结、对西汉盛世的赞颂，而是和自己的不幸的身世联系在一起的东西。

可以说《史记》不仅是一部史书，也是展示司马迁个人心路的文学作品。

◆ 内容概述

《史记》是中国第一部纪传体通史，约于汉武帝太初元年（前104）至征和二年（前91）间写成。记事上从传说中的黄帝开始，一直到汉武帝太初年间，前后达3000年左右。全书130篇，52万6500字。按体例分为十表、八书、十二本纪、三十世家、七十列传。

本纪中，除《秦本纪》以外，都是叙述历代帝王的政绩；表记录了各个历史时期的大事；书分别叙述了天文、历法、水利、经济、文化、艺术等方面的发展和现状；世家叙述了贵族王侯的历史；列传是为不同阶层的各类名人作传，少数列传叙述了国内外少数民族统治者的事情。通过这五种不同体例的相互补充，《史记》成为一部完整的纪传体史书。

《史记》规模宏大、体制完备，涉及了哲学、政治、经济、文学、美学、天文、地理甚至医学占卜等方面，几乎囊括了各个历史时期社会活动的全部内容，堪称一部百科全书式的鸿篇巨制。研读《史记》，除了可以丰富史学知识，更主要的是可以以史为镜，探寻社会发展与国家兴亡的规律、经验和教训，寻找人生道路上的坐标。

名师指津

纪传体是我国古代通过记述人物活动反映历史事件的史书体例。我国的“二十四史”以及其他的一些史书都是依照《史记》的体例，以纪传体为参考编纂而成的。

名师释疑

鸿篇巨制：规模宏大的著作。

◆ 经典选读

项羽本纪（节选）

项籍者，下相人也，字羽。初起时，年二十四。其季父项梁，梁父即楚将项燕，为秦将王翦所戮者也。项氏世世为楚将，封于项，故姓项氏。

项籍少时，学书不成，去学剑，又不成。项梁怒之。籍曰："书足以记名姓而已。剑一人敌，不足学，学万人敌。"于是项梁乃教籍兵法，籍大喜，略知其意，又不肯竟学。

名师指津

这里体现了项羽不重视学习。他认为学字，只要能够写自己的名字就足够了。而剑术只能抵挡一个人，也不值得学。他想要学习的是可以敌得过万人的本领，即兵法。这里可以看出他胸怀大志，崇尚武力的性格。

项梁尝有栎阳逮，乃请蕲狱掾曹咎书抵栎阳狱掾司马欣，以故，事得已。项梁杀人，与籍避仇于吴中。吴中贤士大夫皆出项梁下。每吴中有大徭役及丧，项梁常为主办，阴以兵法部勒宾客及子弟，以是知其能。秦始皇帝游会稽，渡浙江，梁与籍俱观。籍曰："彼可取而代也。"梁掩其口，曰："毋妄言，族矣！"梁以此奇籍。籍长八尺余，力能扛鼎，才气过人，虽吴中子弟皆已惮籍矣。

秦二世元年七月，陈涉等起大泽中。其九月，会稽守通谓梁曰："江西皆反，此亦天亡秦之时也。吾闻先即制人，后则为人所制。吾欲发兵，使公及桓楚将。"是时桓楚亡在泽中。梁曰："桓楚亡，人莫知其处，独籍知之耳。"梁乃出，诫籍持剑居外待。梁复入，与守坐，曰："请召籍，使受命召桓楚。"守曰："诺。"梁召籍入。须臾，梁眴籍曰："可行矣！"于是籍遂拔剑斩守头。项梁持守头，佩其印绶。门下大惊，扰乱，籍所击杀数十百人。一府中皆慑伏，莫敢起。梁乃召故所知豪吏，谕以所为起大事，遂举吴中兵。

名师指津

这话的意思是：我听说先行动就可以压制别人，后出手则会被人所压制。

使人收下县，得精兵八千人。梁部署吴中豪杰为校尉、候、司马。有一人不得用。自言于梁。梁曰："前时某丧使，公主某事，不能办，以此不任用公。"众乃皆服。于是梁为会稽守，籍为裨将，徇下县。

…………

行略定秦地。函谷关有兵守关，不得入。又闻沛公已破咸阳，项羽大怒，使当阳君等击关。项羽遂入，至于戏西。沛公军霸上，未得与项羽相见。沛公左司马曹无伤使人言于项羽曰："沛公欲王关中，使子婴为相，珍宝尽有之。"项羽大怒，曰："旦日飨士卒，为击破沛公军！"当是时，项羽兵四十万，在新丰鸿门，沛公兵十万，在霸上。范增说项羽曰："沛公居山东时，贪于财货，好美姬。今入关，财物无所取，妇女无所幸，此其志不在小。吾令人望其气，皆为龙虎，成五采，此天子气也。急击勿失。"

楚左尹项伯者，项羽季父也，素善留侯张良。张良是时从沛公，项伯乃夜驰之沛公军，私见张良，具告以事，欲呼张良与俱去。曰："毋从俱死也。"张良曰："臣为韩王送沛公，沛公今事有急，亡去不义，不可不语。"良乃入，具告沛公。沛公大惊，曰："为之奈何？"张良曰："谁为大王为此计者？"曰："鲰生说我曰：'距关，毋纳诸侯，秦地可尽王也。'故听之。"良曰："料大王士卒足以当项王乎？"沛公默然，曰："固不如也。且为之奈何？"张良曰："请往谓项伯，言沛公不敢背项王也。"沛公曰："君安与项伯有故？"张良曰："秦时与臣游，项伯杀人，臣活之。今事有急，故幸来告良。"沛公曰："孰与君少长？"良曰："长于臣。"沛公曰："君为我呼入，吾得兄事之。"张良出，邀项伯。项伯即入见沛公。沛公奉卮酒为寿，约为婚姻，曰："吾入关，秋毫不

名师释疑

鲰(zōu)生：浅薄鄙陋的人；小人。古代骂人的话。后也作小生，是自谦之词。

敢有所近，籍吏民，封府库，而待将军。所以遣将守关者，备他盗之出入与非常也。日夜望将军至，岂敢反乎！愿伯具言臣之不敢背德也。”项伯许诺。谓沛公曰：“旦日不可不早自来谢项王。”沛公曰：“诺。”于是项伯复夜去，至军中，具以沛公言报项王。因言曰：“沛公不先破关中，公岂敢入乎？今人有大功而击之，不义也，不如因善遇之。”项王许诺。

沛公旦日从百余骑来见项王，至鸿门，谢曰：“臣与将军戮力而攻秦，将军战河北，臣战河南，然不自意能先入关破秦，得复见将军于此。今者有小人之言，令将军与臣有隙。”项王曰：“此沛公左司马曹无伤言之；不然，籍何以生此。”项王即日因留沛公与饮。项王、项伯东向坐，亚父南向坐。亚父者，范增也。沛公北向坐，张良西向侍。**范增数目项王，举所佩玉玦以示之者三，项王默然不应。**范增起，出召项庄，谓曰：“君王为人不忍，若入前为寿，寿毕，请以剑舞，因击沛公于坐，杀之。不者，若属皆且为所虏。”庄则入为寿。寿毕，曰：“君王与沛公饮，军中无以为乐，请以剑舞。”项王曰：“诺。”项庄拔剑起舞，项伯亦拔剑起舞，常以身翼蔽沛公，庄不得击。

名师指津

范增曾几次用眼神示意项羽，并且举起自己的玉佩，暗示项羽杀沛公的决心，项羽却沉默不语，不做表示。这里体现了项羽优柔寡断的性格特点。

于是张良至军门，见樊哙。樊哙曰：“今日之事何如？”**良曰：“甚急。今者项庄拔剑舞，其意常在沛公也。”**哙曰：“此迫矣，臣请入，与之同命。”哙即带剑拥盾入军门。交戟之卫士欲止不纳，樊哙侧其盾以撞，卫士仆地。哙遂入，披帷西向立，瞋目视项王，头发上指，目眦尽裂。项王按剑而跽曰：“客何为者？”张良曰：“沛公之参乘樊哙者也。”项王曰：“壮士！赐之卮酒。”则与斗卮酒。哙拜谢，起，立而饮之。项王曰：“赐之彘肩。”则与一生彘肩。樊哙覆其盾于地，加彘

名师指津

张良说：“紧急！现在项庄正在舞剑，可他却一直在打沛公的主意。”成语“项庄舞剑，意在沛公”就出自于此，比喻说话或行动并非表面上的意思，其实另有所图。

肩上，拔剑切而啗之。项王曰："壮士，能复饮乎？"樊哙曰："臣死且不避，卮酒安足辞！夫秦王有虎狼之心，杀人如不能举，刑人如恐不胜，天下皆叛之。怀王与诸将约曰'先破秦入咸阳者王之'。今沛公先破秦入咸阳，毫毛不敢有所近，封闭宫室，还军霸上，以待大王来。故遣将守关者，备他盗出入与非常也。劳苦而功高如此，未有封侯之赏，而听细说，欲诛有功之人。此亡秦之续耳，窃为大王不取也。"项王未有以应，曰："坐。"樊哙从良坐。坐须臾，沛公起如厕，因招樊哙出。

沛公已出，项王使都尉陈平召沛公。沛公曰："今者出，未辞也，为之奈何？"樊哙曰："大行不顾细谨，大礼不辞小让。如今人方为刀俎，我为鱼肉，何辞为！"于是遂去。乃令张良留谢。良问曰："大王来何操？"曰："我持白璧一双，欲献项王；玉斗一双，欲与亚父，会其怒，不敢献。公为我献之。"张良曰："谨诺。"当是时，项王军在鸿门下，沛公军在霸上，相去四十里。沛公则置车骑，脱身独骑，与樊哙、夏侯婴、靳强、纪信等四人持剑盾步走，从郦山下，道芷阳间行。沛公谓张良曰："从此道至吾军，不过二十里耳。度我至军中，公乃入。"沛公已去，间至军中。张良入谢，曰："沛公不胜杯勺，不能辞。谨使臣良奉白璧一双，再拜献大王足下；玉斗一双，再拜奉大将军足下。"项王曰："沛公安在？"良曰："闻大王有意督过之，脱身独去，已至军矣。"项王则受璧，置之坐上。亚父受玉斗，置之地，拔剑撞而破之，曰："唉！竖子不足与谋。夺项王天下者，必沛公也，吾属今为之虏矣。"沛公至军，立诛杀曹无伤。

名师指津

大行不顾细谨，大礼不辞小让：做大事不要拘泥于细节，奉行大礼节不必在意小身段。

名师指津

这小子不值得我与他同谋大事，夺取天下的人必然会是沛公，我们今后定会成为他的俘虏啊！这是范增指责项羽的话。而项羽虽然表面对范增很恭敬，但实则很少采纳他的意见，总是一意孤行。可见，他的刚愎自用，终究让他无法避免失败。

◆ 艺术特色

鲁迅先生曾说《史记》是“史家之绝唱，无韵之《离骚》”。也就是说，《史记》是一部规模宏大、体制完备的史书，同时也是一部非常优秀的文学作品。的确，《史记》在文学艺术写作手法上开创了中国文学史上的很多先例。

全书塑造了一系列丰富多彩的、性格鲜明的人物形象。值得一提的是司马迁所表现的这些人物来自不同阶层，上至帝王将相，下至市井细民，诸子百家、三教九流，应有尽有，所涉人物共4000多个，其中重要人物数百名。如在《淮阴侯列传》中，有仗义解救的漂母、足智多谋的广武君，谋士丽食其等等。他们的身份地位都不高，但在司马迁的寥寥数笔下，却都生动形象地跃然纸上。

名师释疑

独具匠心：指具有与众不同的巧妙构思。

言语呕呕：言语温和，脸色和悦。这里形容项羽说话礼貌。

在谋篇布局上，司马迁独具匠心，善于选择、剪裁和集中史料，善用“互见法”，善写大事和紧张场面，并以细节描写来刻画人物。互见法，指的是在一个人物的传记中着重表现他的主要特征，而其他方面的性格特征则放在别人的传记中显示。如司马迁塑造的英雄人物项羽具有多重人格。他喑恶叱咤，又言语呕呕；他爱人礼士，又嫉贤妒能。他是残暴的，焚烧咸阳，坑杀俘虏；他又是仁爱的，鸿门宴是有恻隐之心，不杀刘邦，还顾虑百姓疾苦。他有时与部下同甘共苦，分衣推食；有时又吝啬，已经刻好的官印不肯发给功臣，放在手里把玩。至于和虞姬悲歌唱和的场面，则兼有风云气势和儿女情长。在《项羽本纪》，为不损害他的英雄性格，把他许多政治、军事上的错误放在《淮阴侯列传》中去写，韩信对刘邦说项羽：匹夫之勇、迁逐义帝、失天下之心、妇人之仁。又如《高祖本纪》主要写了刘邦的发迹史，以及他的雄才大略、知人善任，对他的很多弱点则没有充分展示。而在其他人的传记中，却使人看到了刘邦形象的另一些侧面。《项羽本纪》通过范增之口道出刘邦的贪财好色，《萧相国世家》《留侯列传》表现出他猜忌功臣等等。

名师释疑

发迹：指人变得有钱有势。

司马迁描写人物时擅于将自己的主观情感融于叙事之中，使得作品具备强烈的抒情意味。例如在《项羽本纪》中，项羽从发迹到成为西楚霸王，再到楚汉相争，项羽败亡。司马迁在叙述项羽的事迹时经常会穿插议论，表达自己的观点。尤其是在评价项羽“此天亡我，非战之罪也”这句自我辩解的话时，司马迁直截了当的指出项羽是因为自己骄傲自大、背弃信义导致失败，寄托了自己在面对这位英雄人物最终走到陌路时的无限惋惜之情。

名师指津

这是上天要我灭亡，而并不是我不会打仗的过错。成语“非战之罪”就出自于此，意思是：并非战争本身的过错。

《史记》在语言上表现出了生动、准确、灵活的特点。司马迁在吸取前人经验的基础上，抛弃了铺张排比的行文风格，形成了淳朴简洁、疏宕从容、变化多端、通俗流畅的散文风格。司马迁在叙述中始终是倾注情感的。他根据不同的场面，出于不同的心情，语调有时短截急促，有时舒缓从容，有时沉重，有时轻快，有时幽默，有时庄肃，具有很强的感染力。

◆ 文学地位

《史记》无论在中国史学史还是文学史上都堪称一座伟大的丰碑。在《史记》诞生之后的数千年中，中国的史书几乎全是仿照《史记》的纪传体体例进行书写的。可以说，它开创了中国纪传体史学的先河。作者司马迁也被后人尊为“史圣”。鲁迅先生曾评价《史记》是“史家之绝唱，无韵之离骚”，点明这部著作

名师指津

“史家之绝唱”说它是历史著作中的“绝唱”，评价的是它的史学价值；“无韵之离骚”说它可以和屈原的《离骚》媲美，评价的是它的文学价值。

在文学方面的地位。《史记》对中国古代的小说、戏剧、传记文学和散文都有着广泛而深远的影响。

《史记》的文学影响体现在多方面。从总体上来说，《史记》作为中国第一部以描写人物为中心的大规模作品，为后代文学的发展提供了一个重要基础和多种可能性。《史记》所写的虽然是历史上的实有人物。但是，司马迁通过“互见法”，通过不同人物的对比，以及在细节方面的虚构，把人物加以类型化了。《史记》为中国文学建立了一批重要的人物原型。在后代的小说、戏剧中，所写的帝王、英雄、侠客、官吏等各种人物形象，有不少是从《史记》中的人物形象演化出来的。

名师指津 司马迁习惯于将自己笔下的人物放入大的社会背景中，以人物的命运变化为线索，进行表现。体现了人物的命运与历史推进的关系，塑造了一批带有悲剧色彩的人物形象。

除了人物类型，中国古代小说的体裁和叙事方式也受到《史记》的影响。中国传统小说多以“传”为名，以人物传记式的形式展开，具有人物传记式的开头和结尾，以人物生平始终为脉络，严格按时间顺序展开情节，并往往有作者的直接评论。这一切重要特征，主要是源于《史记》的影响。

在戏剧方面，由于《史记》的故事具有强烈的戏剧性，人物性格鲜明，矛盾冲突尖锐，自然而然成为后代戏剧取材的宝库。据统计，仅现存的元杂剧中，就有16种是取材于《史记》的，其中包括《赵氏孤儿》这样具有世界影响的名作。著名的京剧剧目《霸王别姬》同样取材于《史记》。

名师指津 在《史记》中，司马迁运用了多种艺术手法去描写人物，他不仅善于抓住人物一生中的典型事例和突出的性格特点，而且细节也刻画得十分生动，而且他时常夹叙夹议，议论中常掺杂着强烈的抒情色彩。这些都体现了它杰出的散文特色。

在传记文学方面，由于《史记》的纪传体为后代史书所继承，由此产生了大量的历史人物传记。此外，史传以外的别传、家传、墓志铭等各种形式的传记，也与《史记》所开创的传记文学有关。

在散文方面，像唐宋八大家、明代前后七子乃至清代的桐城派、阳湖派散文家，无不从《史记》中汲取营养。

至于现代，我们许多对于历史事件的观点，对汉代以前的历史人物的评价大多是从《史记》中得来的；我们书写文章采取的很多手法也是和《史记》一脉相承的。

《西厢记》

◆ 作者简介

王实甫，生卒年不详，字德信，元大都（今北京）人，元朝著名戏剧作家。

根据《录鬼簿》记载，王实甫的创作活动大致在元成宗的元贞、大德年间，与关汉卿处于同一时代。王实甫是一位文采风流，才华横溢的剧作家。他长年混迹于教坊、行院，与伎艺为伍。

王实甫一生创作杂剧 14 种，只有《西厢记》《丽春堂》《破窑记》三种流传至今。《西厢记》全名《崔莺莺待月西厢记》，由《西厢记诸宫调》改写而成，代表了中国古典戏剧创作的最高水平。

名师释疑

西厢记：《西厢记》是我国古典戏剧中的现实主义杰出作品。它在中国广为人知，家喻户晓，是流传甚广的爱情故事。它对后世类似题材的小说、戏剧等作品的影响也十分深远。

◆ 写作背景

《西厢记》并不是王实甫一个人的原创性作品，而是他根据历代有关崔张故事的传说及作品改编而成。

崔张故事的源头是唐朝诗人元稹写的《莺莺传》。据说唐朝大诗人元稹与邻村一女子崔小迎自小青梅竹马，两小无猜。两人更曾私订终身。后来，元稹赴考从政，处于权势的考虑，娶了高官的女儿为妻，从此再也没见过崔小迎。后来元稹妻子早逝后，他曾多次回家寻找小迎，却一直杳无音讯。元稹根据自己的这一经历写下了《莺莺传》，其中对张生始乱终弃的行为进行美化，反而污蔑莺莺为“尤物”“妖孽”“不妖其身，必妖于人”。唐代以后，这个爱情故事的结局，令许多人感到遗憾和不满，斥责张生为“薄情年少如飞絮”。于是这个爱情故事的结局就在流传的过程中发生了改变。

这句诗出自宋代毛滂的《调笑令·莺莺》，其意思是说薄情的年轻人犹如飘飞的柳絮一样多。

宋代以后，由于北方游牧民族不断入侵和同化，社会的礼法观念较之前有所松动。金代出现了董解元所写的诸宫调《西厢记》，诸宫调是当时的一种说唱艺术，类似现代的评弹，用琵琶和筝伴奏，边说边唱。这本《西厢记》将崔张故事的内容大为增加，加入许多人物和场景，最后结局改为张生和莺莺不顾老夫人之命，双双出走，成为夫妻。

到了元代时，王实甫基本根据这部诸宫调将《西厢记》改编成多人演出的戏剧剧本，使故事情节更加紧凑，并融合了古典诗词，文学性大大提高。不过，王实甫将结尾改成老夫人妥协，答应两人婚事，以大团圆结局。

王实甫的《西厢记》是崔张爱情故事的集大成者，融合自唐朝到元朝人们对这个故事进行增改的内容，在思想上更趋深刻，它正面提出了“愿天下有情人都成了眷属”的主张，更鲜明地表达了反封建礼教和反封建婚姻制度的主题。是中国古代戏曲的高峰之一。

◆ 内容概述

唐朝贞元年间，前朝崔相国去世，他的夫人郑氏带着女儿崔莺莺、侍女红娘一行30余人，送丈夫灵柩回河北安平安葬。途中因故受阻，所以暂住河中府普救寺。崔莺莺年方十九岁，女红针织，诗词书算，无所不能。她父亲在世时，就已将她许配给郑氏的侄儿郑恒。这天，崔小姐与红娘在寺庙殿前游玩，偶遇书生张珙。

张珙是西洛人，原为礼部尚书之子，后父母双亡，家境贫寒。他只身一人赴京城赶考，路过此地，忽然想起他的八拜之交杜确就在蒲关，于是住了下来。听状元店里的小二哥说，这里有座普救寺，是则天皇后香火院，景致很美，三教九流，过者无不瞻仰。张生遂前往普救寺欣赏美景，碰巧遇到在殿外玩耍的莺莺与红娘，顿时对莺莺心生爱慕之情。为能多见上几面，张生向普救寺的方丈借宿，住进西厢房。

一天，崔老夫人为亡夫做道场。崔老夫人治家很严，道场内外不许一个男子出入，张生却硬着头皮溜进去。这时斋供道场都已完备，该夫人和小姐进香。张生想："小姐是一女子，尚有报父母之心；小生湖海飘零数年，自父母下世之后，并不曾有一陌纸钱相报。"张生从和尚那知道莺莺小姐每夜都到花园内烧香。夜深人静，月朗风清，僧众都睡着了，张生来到后花园内，偷看小姐烧香。随即吟诗一首："月色溶溶夜，花阴寂寂春；如何临皓魄，不见月中人？"莺莺也随即和了一首："兰闺久寂寞，无事度芳春；料得行吟者，应怜长叹人。"张生夜夜苦读，感动了小姐崔莺莺，她对张生也生出爱慕之心。

好景不长，叛将孙飞虎听说崔莺莺有"倾国倾城之容，西子太真之颜"，便率领5000人马，将普救寺层层围住，限老夫人三日之内交出莺莺做他的"压寨夫人"，大家束手无策。崔莺莺十分刚烈，她宁可死，也不愿被贼人掳去。危急之中夫人立下誓言：

名师释疑

三教九流：三教指儒教、佛教、道教，九流指儒家、道家、阴阳家、法家、名家、墨家、纵横家、杂家、农家。泛指宗教、学术中的各种流派或社会上的各种行业。也用来泛称江湖上各种各样的人。

“不管是什么人，只要能杀退贼军，扫荡妖氛，就将小姐许配给他。”张生的八拜之交杜确，是武状元出身，当时任征西大元帅，统领 10 万大军，镇守蒲关。张生先用缓兵之计，稳住了孙飞虎，然后写了一封求救信给杜确。三日后，杜确的救兵来到，打退了孙飞虎。

因为崔相国生前曾许婚于郑恒，所以老夫人才会阻止莺莺和张生，并让两人结为兄妹。这里体现了封建礼教对于当时年轻人的婚恋的束缚。

可本该履行诺言的崔老夫人变了卦。**在酬谢席上，她以莺莺已经许配郑恒为由，让张生与崔莺莺结拜为兄妹，并厚赠金帛，让张生另择佳偶。**这使张生和莺莺都十分痛苦。看到这些，丫鬟红娘安排他们相会。夜晚张生弹琴向莺莺表白自己的相思之苦，莺莺也向张生倾吐爱慕之情。

自那日听琴之后，多日不见莺莺，张生害了相思病。他趁红娘探病之机，托她捎信给莺莺，莺莺回信约张生在月下相会。夜晚，**张生急欲与小姐相见，便翻墙而入。莺莺见他翻墙而入，反怪他行为下流，发誓再不见他，致使张生病情愈发严重。**莺莺得知后，又借探病为名，到张生房中与他幽会。

此处莺莺的“假意儿”，是她对红娘的防范，也是她内心矛盾的体现，想要表露对张生的爱意，又出于对红娘的顾忌。这样的情节设定使得故事跌宕起伏，十分有意趣。

老夫人看莺莺这些日子神情恍惚，言语不清，行为古怪，便怀疑她生有越轨行为。于是叫来红娘逼问，红娘无奈，只得如实说来。红娘向老夫人替小姐和张生求情，并说这不是张生、小姐和红娘的罪过，而是老夫人的过错，老夫人不该言而无信，让张生与小姐兄妹相称。老夫人无奈，告诉张生如果想娶莺莺小姐，必须进京赶考取得功名才可以。于是，崔张不得不暂时分别。

不久，张生高中状元，写信向莺莺报喜。这时莺莺原来的未婚夫郑恒来到普救寺，捏造谎言说张生已被卫尚书招为女婿。崔夫人再次将小姐许给郑恒，并决定择吉日完婚。恰巧在成亲之日，已经是河中府尹的张生回到普救寺，征西大元帅杜确也来祝贺。

真相大白，郑恒羞愧难当，含恨自尽。张生与莺莺终成眷属。

◆ 经典选读

长亭送别（《西厢记》第四本第三折）

（夫人长老上云）今日送张生赴京，十里长亭安排下筵席。我和长老先行，不见张生小姐来到。（旦末红同上）（旦云）今日送张生上朝取应，早是离人伤感，况值那暮秋天气，好烦恼人也呵！悲欢聚散一杯酒，南北东西万里程。

［正宫］［端正好］碧云天，黄花地，西风紧，北雁南飞，晓来谁染霜林醉？总是离人泪。

［滚绣球］恨相见得迟，怨归去得疾。柳丝长玉骢难系，恨不倩疏林挂住斜晖。马儿迍迍的行，车儿快快的随，却告了相思回避，破题儿又早别离。听得道一声“去也”，松了金钏；遥望见十里长亭，减了玉肌。此恨谁知！

（红云）姐姐今日怎么不打扮？（旦云）你那知我的心里呵！

［叨叨令］见安排着车儿、马儿，不由人熬熬煎煎的气；有甚么心情花儿、靥儿，打扮的娇娇滴滴的媚；准备着被儿、枕儿，则索昏昏沉沉的睡；从今后衫儿、袖儿，都揾做重重叠叠的泪。兀的不闷杀人也么哥！兀的不闷杀人也么哥！久已后书儿、信儿，索与我凄凄惶惶的寄。

（做到）（见夫人科）（夫人云）张生和长老坐，小姐这壁坐，红娘将酒来。张生，你向前来，是自家亲眷，不要回避。俺今日将莺莺与你，到京师休辱末了俺孩儿，挣揣一个状元回来者。（末

名师指津

作者寄情于景。柳丝虽长却拴不住玉骢马，暗指莺莺的长情也留不住张生。

名师指津

这一曲用排比、叠词、反复、夸张等手法，突出了张生进京赶考之前，莺莺心不在焉、无心梳洗的心情。想到日后她将面临的孤寂情景，心中缠绵悱恻，难舍难分。

云）小生托夫人余荫，凭着胸中之才，视官如拾芥耳。（洁云）夫人主见不差，张生不是落后的人。（把酒了，坐）（旦长吁科）

［脱布衫］下西风黄叶纷飞，染寒烟衰草萋迷。酒席上斜签着坐的，蹙愁眉死临侵地。

［小梁州］我见他阁泪汪汪不敢垂，恐怕人知。猛然见了把头低，长吁气，推整素罗衣。

［幺篇］虽然久后成佳配，奈时间怎不悲啼。意似痴，心如醉，昨宵今日，清减了小腰围。

这里以崔莺莺的角度，写了张生的消瘦，体现了他也和崔莺莺同样悲伤，不忍离别。

（夫人云）小姐把盏者。（红递酒，旦把盏长吁科云）请吃酒！

［上小楼］合欢未已，离愁相继。想着俺前暮私情，昨夜成亲，今日别离。我谂知这几日相思滋味，却元来此别离情更增十倍。

［幺篇］年少呵轻远别，情薄呵易弃掷。全不想腿儿相挨，脸儿相偎，手儿相携。你与俺崔相国做女婿，妻荣夫贵，但得一个并头莲，煞强如状元及第。

名师指津

此四句：指崔莺莺贵为相国之女，张生娶了莺莺，因妻而贵，大可不必去考取功名。并头莲：指男女好合或夫妻恩爱。

（夫人云）红娘把盏者。（红把酒科）（旦唱）

［满庭芳］供食太急，须臾对面，顷刻别离。若不是酒席间子母每当回避，有心待与他举案齐眉。虽然是厮守得一时半刻，也合着俺夫妻每共桌而食。眼底空留意，寻思起就里，险化做望夫石。

（红云）姐姐不曾吃早饭，饮一口儿汤水。（旦云）红娘，甚么汤水咽得下！

［快活三］将来的酒共食，尝着似土和泥；假若便是土和泥，也有些土气息，泥滋味。

［朝天子］暖溶溶玉醅，白泠泠似水，多半是相思泪。眼面前茶饭怕不待要吃，恨塞满愁肠胃。蜗角虚名，蝇头微利，拆鸳

鸯在两下里。一个这壁，一个那壁，一递一声长吁气。

（夫人云）辆起车儿，俺先回去，小姐随后和红娘来。（下）（末辞洁科）（洁云）此一行别无话儿，贫僧准备买登科录看，做亲的茶饭少不得贫僧的。先生在意，鞍马上保重者！从今经忏无心礼，专听春雷第一声。（下）（旦唱）

［四边静］霎时间杯盘狼籍，车儿投东，马儿向西，两意徘徊，落日山横翠。知他今宵宿在那里？在梦也难寻觅。

张生，此一行得官不得官，疾便回来。（末云）小生这一去，白夺一个状元，正是：青霄有路终须到，金榜无名誓不归。（旦云）君行别无所谓，口占一绝，为君送行：弃掷今何在，当时且自亲。还将旧来意，怜取眼前人。（末云）小姐之意差矣，张珙更敢怜谁？谨赓一绝，以剖寸心：人生长远别，孰与最关亲？不遇知音者，谁怜长叹人？（旦唱）

［耍孩儿］淋漓襟袖啼红泪，比司马青衫更湿。伯劳东去燕西飞，未登程先问归期。虽然眼底人千里，且尽生前酒一杯。未饮心先醉，眼中流血，心内成灰。

［五煞］到京师服水土，趁程途节饮食，顺时自保揣身体。荒村雨露宜眠早，野店风霜要起迟！鞍马秋风里，最难调护，最要扶持。

［四煞］这忧愁诉与谁？相思只自知，老天不管人憔悴。泪添九曲黄河溢，恨压三峰华岳低。到晚来闷把西楼倚，见了些夕阳古道，衰柳长堤。

［三煞］笑吟吟一处来，哭啼啼独自归。归家若到罗帏里，昨宵个绣衾香暖留春住，今夜个翠被生寒有梦知。留恋你别无意，

名师指津

出自《莺莺传》，原为莺莺被张生抛弃后所作，此剧中用为莺莺的假设。

名师指津

九曲黄河：指黄河有九道弯。三峰华岳：指华山有三座山峰。这里是夸张的写法，突出了崔莺莺的想象日后离别的凄苦，压抑不住的相思之情，眼泪决堤，悲伤不能自已。

见据鞍上马，阁不住泪眼愁眉。

（末云）有甚言语嘱咐小生咱？（旦唱）

［二煞］你休忧“文齐福不齐”，我则怕你“停妻再娶妻”。休要“一春鱼雁无消息”！我这里青鸾有信频须寄，你却休“金榜无名誓不归”。此一节君须记，若见了那异乡花草，再休似此处栖迟。

（末云）再谁似小姐？小生又生此念？（旦唱）

［一煞］青山隔送行，疏林不做美，淡烟暮霭相遮蔽。夕阳古道无人语，禾黍秋风听马嘶。我为甚么懒上车儿内，来时甚急，去后何迟？

（红云）夫人去好一会，姐姐，咱家去！（旦唱）

［收尾］四围山色中，一鞭残照里。遍人间烦恼填胸臆，量这些大小车儿如何载得起？

（旦红下）（末云）仆童赶早行一程儿，早寻个宿处。泪随流水急，愁逐野云飞。（下）

名师指津

“一春鱼雁无消息”这里化用“鱼传尺素”和“鸿雁传书”的典故，意在告诫张生不要一去不复返。“金榜无各誓不归”一句，可见崔莺莺并不在乎张生能否考取功名，她想要的唯有与他长相厮守。

名师指津

事实上，王实甫从根本上改变了《莺莺传》所要表达的主题，以及崔莺莺和张生的悲惨结局。他的《西厢记》将崔莺莺和张生塑造成两个敢于反抗封建礼教，追求自由恋爱的勇敢青年。经过二人的不懈努力，最终有情人终成眷属。

◆ 艺术特色

王实甫的《西厢记》在艺术上取得了极大的成功。无论在体裁上、结构上、人物描写上，还是语言风格上，《西厢记》都有它的独特之处。

王实甫首先在体裁上进行了大胆的创新。按照惯例，一出元代杂剧只有一本，一本四折，偶尔有一本五六折的。《西厢记》却一下写了五本，全剧共五本 20 折。以多本杂剧连续演绎一个故事，在当时是个创举。

在结构上，《西厢记》篇幅虽长，却并不让人感到松垮，整部杂剧情节紧凑、一气呵成，每一折都必不可少。戏剧冲突的形成和解决，既在意料之外，又在情理之中。往往是一波未平、一波又起。例如孙飞虎事件后，张生和莺莺本该喜结连理，没想到老妇人竟然赖婚。后来两人在红娘的帮助下得以相见，莺莺却临时变了卦。两人私订终身后，老夫人又逼着张生上京应试。莺莺和张生的爱情故事就在这一个个波折中，牵扯着读者的心。

在塑造人方面，王实甫也表现出了他卓越的艺术才能。他笔下的人物各个性格鲜明，如莺莺、红娘、张生和老夫人等形象，都是公认塑造得十分成功的人物典型，这在爱情剧目中是不多见的。可见作者能够准确把握这些人物的心理状态以及他们之间的复杂关系。王实甫还善于通过矛盾和冲突来刻画人物的性格。

《西厢记》里还有很多对人物心理的描写，这主要是为了向观众展现张生和莺莺的性格特点。即使在很短的说白之中，作者也常常加入丰富的心理内容。例如莺莺看到红娘带来的柬帖，明明心里很高兴，表面上却故作矜持。作者只用一句话，就写尽了她的神态和心情。此外，王实甫对男女主人公正面的心理描写也很多，把两人的相思之苦、离愁别绪、愤懑和怨诉、激情和喜悦表现得淋漓尽致。

名师指津

忽的波低垂了粉颈，氲的呵改变了朱颜。

在语言上，《西厢记》也别具特色。它文辞优美、诗意浓厚，是其他中国古典戏剧所不能比拟的。清丽的语言，为这出杂剧创造出一种浓郁的抒情气氛。另外，王实甫为突出剧中人物的性格，还让他们具有不同的语言风格。如张生唱词明朗，莺莺曲文含蓄，红娘语言泼辣。《西厢记》中既融入了一些古典诗词的名句，也吸收了口语中的成分，达到雅俗共赏的效果。

名师释疑

雅俗共赏：文化高的人和文化低的人都能欣赏。

◆ 文学地位

《西厢记》是家喻户晓的古典戏剧名著，它通过叙述张生和莺莺的爱情故事，表达了对封建婚姻制度的不满和反抗，以及对美好爱情理想的憧憬和追求。它正面提出了“愿天下有情的都成了眷属”的主张，旗帜鲜明地反对封建礼教和封建婚姻制度。

在艺术上，《西厢记》达到了中国古典戏剧的最高峰。它曲词华艳优美，富于诗的意境。曹雪芹曾在《红楼梦》中，通过林黛玉的口，称赞它“曲词警人，余香满口”。

这部剧作对后来以爱情为题材的小说、戏剧创作影响巨大。后世的《牡丹亭》《红楼梦》等都从《西厢记》里不同程度地吸取了反封建的民主精神。

《三国演义》

◆ 作者简介

罗贯中（约 1330—1400），山西太原人，长期寄居于杭州，号湖海散人。

罗贯中出生时正值元末社会动乱时期，民族矛盾和阶级矛盾都很尖锐。他 14 岁时母亲病故，之后辍学随父亲去苏州、杭州一带做生意，成年后参与了元末农民起义。“有志图王”的罗贯中在苏州结识了施耐庵，以师徒相称，两人一同参加位于平江（即

苏州）的张士诚反元起义政权，做了一段时间幕僚后离开。由于曾与朱元璋是敌对关系，在明朝成立之后，罗贯中放弃步入官场的机会，专心致力于文学创作。

罗贯中多才多艺，是元末明初著名的小说家、戏曲家。其代表作《三国演义》，全名《三国志通俗演义》。它“文不甚深，言不甚俗”，在描写故事情节和塑造人物形象的同时，深刻揭露了封建统治阶层的凶残行径，表达了人民渴望政治清明、社会安定的夙愿。另外，还有他署名编著的《隋唐两朝志义传》《残唐五代史演义传》《三遂平妖传》，杂剧《赵太祖龙虎风云会》等。

◆ 写作背景

元末明初，社会矛盾尖锐，农民起义此起彼伏，群雄割据。经过多年战乱，朱元璋最终剿灭群雄，推翻元王朝，建立明王朝。期间人民流离失所，罗贯中作为一名杂剧和话本作者，生活在社会底层，了解和熟悉人民的疾苦，期望社会稳定，百姓安居乐业。作为底层的知识分子，他也在思考，并希望结束动荡造成的悲惨局面。另外，由于罗贯中亲身参加过农民起义，因此对战争更有独到的见解。这为他创作《三国演义》奠定了基础。

三国故事在中国古代民间颇为流行，宋元时代即被搬上舞台，金、元演出的三国剧目多达 30 多种。元代即出现了新安虞氏所刊的《全相三国志平话》。如诸葛亮、赵云等耳熟能详的三国人物经过时代的变迁，已经基本定型，这为罗贯中创作《三国演义》提供了现成的材料。

罗贯中以陈寿所著和裴松之做注的《三国志》等史料为基础，结合民间传说、戏曲和话本，并加入自己的人生感悟，完成了《三

名师释疑

幕僚：古代称将帅幕府中的参谋、书记等，后泛指文武官署中的佐助人员（一般指有官职的）。

名师指津

是明代蒋大器给《三国志通俗演义》作序时，对《三国演义》语言风格的评述。意思是：文章简明精练，并不深奥难懂；语言浅显生动，并不粗俗低劣。

名师指津

《三国演义》主要取材于两方面：一个是关于三国史实的历史文献书籍；另一个则是民间所流传的关于三国的故事和传说。

国演义》的创作。明嘉靖年间的刊本，是现存最早的版本，也称“嘉靖本”。共24卷，每卷10则。康熙年间，毛纶、毛宗岗父子对其进行了点评修改，变为如今流传的120回的版本。

◆ 内容概述

《三国演义》是一部长篇历史小说，该书从东汉末年黄巾起义讲起，一直到晋武帝灭吴为止，叙述魏、蜀、吴三国分立到晋统一的历史故事。

东汉末年，宦官当道，朝政腐败民不聊生，于是爆发了声势浩大的黄巾农民起义。不久，起义被统治阶级的联合军事力量所扑灭。而在镇压起义过程中趁机发展的许多军阀豪强为了争夺地盘，重新陷入混战。汉灵帝死去后，少帝刘辨继位，外戚何进掌权，被挤出权力中枢的宦官不甘失败，设法杀死何进。袁绍起兵诛杀了宦官，又被董卓赶走。董卓废刘辨，立刘协，是为汉献帝。

当时，司徒王允用“连环计”，让美女貂蝉离间董卓与义子吕布，然后联合各路豪强，设计斩杀董卓。董卓死后，以袁绍为首的17镇诸侯割据混战。期间，曹操、刘备、孙策脱颖而出。曹操“挟天子以令诸侯”，先后歼灭了袁绍、袁术等，占据中原。孙策继承父亲孙坚的势力，脱离袁术，占据江东。孙策死后，其弟孙权掌权。刘备先后依附曹操、刘表。期间，三顾茅庐，得到诸葛亮辅助。

官渡之战，曹操以少胜多。于是，他率军南下，想要歼灭刘表、刘备、孙权等，一统天下。当时，刘表病逝，其子刘琮降曹。在这种有利的大好形势下，曹操骄傲自满。后在决定性战役——赤壁之战中，曹军几乎全军覆没。战后，三足鼎立形成。

此后，三方势力不断争斗。刘备占据荆襄九郡和两川，势力

名师释疑

挟天子以令诸侯：挟持皇帝，以皇帝的名义发布号令。现比喻用领导的名义按照自己的意思指挥别人。

赤壁之战：东汉末年，孙权、刘备联军于长江赤壁一带大败曹军，奠定了三国鼎立的基础。是中国历史上著名的以弱胜强、以少胜多的战争之一。

不断壮大。但关羽破坏了孙刘联盟，孙权派兵袭占荆州，关羽战死。不久，曹操病逝，其子曹丕建立魏国。刘备建立蜀汉政权，为报关羽之仇，刘备与孙权交战，战败，病死白帝城。其子刘禅继位，诸葛亮终日操劳。孙权建立吴国，三国连年博弈。有诸葛亮联吴讨曹，收服南部边境。有联合东吴共同伐魏，但终不能灭魏。诸葛亮积劳成疾，病死在五丈原军中。后主刘禅无能，朝政腐败，国力衰微。

最终，司马氏篡夺魏国政权，建立晋国。刘禅出降，蜀汉灭亡。吴国继位者孙皓残暴统治，民心早失，东吴被灭。至此，天下统一于晋，三国鼎立的局面结束。

◆ 经典选读

第二十七回　美髯公千里走单骑 汉寿侯五关斩六将（节选）

却说云长所骑赤兔马，日行千里，本是赶不上；因欲护送车仗，不敢纵马，按辔徐行。忽听背后有人大叫："云长且慢行！"回头视之，见张辽拍马而至。关公教车仗从人，只管望大路紧行；自己勒住赤兔马，按定青龙刀，问曰："文远莫非欲追我回乎？"辽曰："非也。丞相知兄远行，欲来相送，特先使我请住台驾，别无他意。"关公曰："便是丞相铁骑来，吾愿决一死战！"遂立马于桥上望之。见曹操引数十骑，飞奔前来，背后乃是许褚、徐晃、于禁、李典之辈。操见关公横刀立马于桥上，令诸将勒住马匹，左右排开。关公见众人手中皆无军器，方始放心。操曰："云长行何太速？"关公于马上欠身答曰："关某前曾禀过丞相。今故主在河北，不由某不急去。累次造府，不得参见，故拜书告辞，

名师释疑

美髯（rán）公：留有漂亮胡须的男子；这里特指关羽。

辔（pèi）：驾驭牲口用的嚼子和缰绳。

封金挂印，纳还丞相。望丞相勿忘昔日之言。”操曰：“吾欲取信于天下，安肯有负前言。恐将军途中乏用，特具路资相送。”一将便从马上托过黄金一盘。关公曰：“累蒙恩赐，尚有余资。留此黄金以赏将士。”操曰：“特以少酬大功于万一，何必推辞？”关公曰：“区区微劳，何足挂齿。”操笑曰：“云长天下义士，恨吾福薄，不得相留。锦袍一领，略表寸心。”令一将下马，双手捧袍过来。云长恐有他变，不敢下马，用青龙刀尖挑锦袍披于身上，勒马回头称谢曰：“蒙丞相赐袍，异日更得相会。”遂下桥望北而去。许褚曰：“此人无礼太甚，何不擒之？”操曰：“彼一人一骑，吾数十余人，安得不疑？吾言既出，不可追也。”曹操自引众将回城，于路叹想云长不已。

名师指津

曹操赠予关羽锦袍，他没有下马去接，而是乘在马上，用青龙刀挑起。这种做法自然是十分失礼的，也体现出了关羽的戒备心很重。

名师指津

这里体现出了曹操的爱才之心。虽然关羽对他十分失礼，可他不但没有生气，还为关羽的失礼行为开脱。

不说曹操自回。且说关公来赶车仗。约行三十里，却只不见。云长心慌，纵马四下寻之。忽见山头一人，高叫：“关将军且住！”云长举目视之，只见一少年，黄巾锦衣，持枪跨马，马项下悬着首级一颗，引百余步卒，飞奔前来。公问曰：“汝何人也？”少年弃枪下马，拜伏于地。云长恐是诈，勒马持刀问曰：“壮士，愿通姓名。”答曰：“吾本襄阳人，姓廖，名化，字元俭。因世乱流落江湖，聚众五百余人，劫掠为生。恰才同伴杜远下山巡哨，误将两夫人劫掠上山。吾问从者，知是大汉刘皇叔夫人，且闻将军护送在此，吾即欲送下山来。杜远出言不逊，被某杀之。今献头与将军请罪。”关公曰：“二夫人何在？”化曰：“现在山中。”关公教急取下山。不移时，百余人簇拥车仗前来。关公下马停刀，叉手于车前问候曰：“二嫂受惊否？”二夫人曰：“若非廖将军保全，已被杜远所辱。”关公问左右曰：“廖化怎生救夫人？”左右曰："杜远劫上山去，就要与廖化各分一人为妻。廖化问起根由，好生拜敬，杜远不从，已被廖化杀了。"关公听言，乃拜谢廖化。廖化欲以部下人送关公。关公寻思此人终是黄巾余党，未可作伴，乃谢却之。廖化又拜送金帛，关公亦不受。廖化拜别，自引人伴投山谷中去了。

云长将曹操赠袍事，告知二嫂，催促车仗前行。至天晚，投一村庄安歇。庄主出迎，须发皆白，问曰："将军姓甚名谁？"关公施礼曰："吾乃刘玄德之弟关某也。"老人曰："莫非斩颜良、文丑的关公否？"公曰："便是。"老人大喜，便请入庄。关公曰："车上还有二位夫人。"老人便唤妻女出迎。二夫人至草堂上，关公叉手立于二夫人之侧。老人请公坐，公曰："尊嫂在上，安敢就座！"老人乃令妻女请二夫人入内室款待，自于草堂款待关公。关公问老人姓名。老人曰："吾姓胡，名华。桓帝时曾为议郎，致仕归乡。今有小儿胡班，在荥阳太守王植部下为从事。将军若从此处经过，某有一书寄与小儿。"关公允诺。

次日早膳毕，请二嫂上车，取了胡华书信，相别而行，取路投洛阳来。前至一关，名东岭关。把关将姓孔，名秀，引五百军兵在岭上把守。当日关公押车仗上岭，军士报知孔秀，秀出关来迎。关公下马，与孔秀施礼。秀曰："将军何往？"公曰："某辞丞相，特往河北寻兄。"秀曰："河北袁绍，正是丞相对头。将军此去，必有丞相文凭？"公曰："因行期慌迫，不曾讨得。"秀曰："既无文凭，待我差人禀过丞相，方可放行。"关公曰："待去禀时，须误了我行程。"秀曰："法度所拘，不得不如此。"关公曰："汝不容我过关乎？"秀曰："汝要过去，留下老小为质。"关公大怒，举刀就杀孔秀。秀退入关去，鸣鼓聚军，披挂上马，杀下关来，大喝曰："汝敢过去么！"关公约退车仗，纵马提刀，竟不打话，直取孔秀。秀挺枪来迎。两马相交，只一合，钢刀起处，孔秀尸横马下。众军便走。关公曰："军士休走。吾杀孔秀，不得已也，与汝等无干。借汝众军之口，传语曹丞相，言孔秀欲害我，我故杀之。"众军俱拜于马前。

名师指津

这里体现了关羽的勇猛机智。面对孔秀带领众军阻拦，关羽没有与众军厮杀，而是直取孔秀首级，然后饶过众军，并请众军替他传话给曹操。

关公即请二夫人车仗出关，望洛阳进发。早有军士报知洛阳太守韩福。韩福急聚众将商议。牙将孟坦曰："既无丞相文凭，即系私行；若不阻挡，必有罪责。"韩福曰："关公勇猛，颜良、文丑俱为所杀。今不可力敌，只须设计擒之。"孟坦曰："吾有一计：先将鹿角拦定关口，待他到时，小将引兵和他交锋，佯败诱他来追，公可用暗箭射之。若关某坠马，即擒解许都，必得重赏。"商议停当，人报关公车仗已到。韩福弯弓插箭，引一千人马，排列关口，问："来者何人？"关公马上欠身言曰："吾汉寿亭侯关某，敢借过路。"韩福曰："有曹丞相文凭否？"关公曰："事冗不曾讨得。"韩福曰："吾奉承相钧命，镇守此地，专一盘诘往来奸细。若无文凭，即系逃窜。"关公怒曰："东岭孔秀，已被吾杀。汝亦欲寻死耶？"韩福曰："谁人与我擒之？"孟坦出马，轮双刀来取关公。关公约退车仗，拍马来迎。孟坦战不三合，拨回马便走。关公赶来。孟坦只指望引诱关公，不想关公马快，早已赶上，只一刀，砍为两段。关公勒马回来，韩福闪在门首，尽力放了一箭，正射中关公左臂。公用口拔出箭，血流不住，飞马径奔韩福，冲散众军，韩福急走不迭，关公手起刀落，带头连肩，斩于马下；杀散众军，保护车仗。

名师释疑

盘诘（pán jié）：仔细追问（可疑的人）。

关公割帛束住箭伤，于路恐人暗算，不敢久住，连夜投汜水关来。把关将乃并州人氏，姓卞，名喜，善使流星锤；原是黄巾余党，后投曹操，拨来守关。当下闻知关公将到，寻思一计：就关前镇国寺中，埋伏下刀斧手二百余人，诱关公至寺，约击盏为号，欲图相害。安排已定，出关迎接关公。公见卞喜来迎，便下马相见。喜曰："将军名震天下，谁不敬仰！今归皇叔，足见忠义！"关公诉说斩孔秀、韩福之事。卞喜曰："将军杀之是也。某见丞相，代禀衷曲。"关公甚喜，同上马过了汜水关，到镇国寺前下马。众僧鸣钟出迎。原来那镇国寺乃汉明帝御前香火院，本寺有僧三十余人。内有一僧，却是关公同乡人，法名普净。当下普净已知其意，向前与关公问讯，曰："将军离蒲东几年矣？"关公曰："将及二十年矣。"普净曰："还认得贫僧否？"公曰："离乡多年，不能相识。"普净曰："贫僧家与将军家只隔一条河。"卞喜见普净叙出乡里之情，恐有走泄，乃叱之曰："吾欲请将军赴宴，汝僧人何得多言！"关公曰："不然。乡人相遇，安得不叙旧情耶？"普净请关公方丈待茶。关公曰："二位夫人在车上，可先献茶。"普净教取茶先奉夫人，然后请关公入方丈。普净以手举所佩戒刀，以目视关公。公会意，命左右持刀紧随。卞喜请关公于法堂筵席。关公曰："卞君请关某，是好意，还是歹意？"卞喜未及回言，关公早望见壁衣中有刀斧手，乃大喝卞喜曰："吾以汝为好人，安敢如此！"卞喜知事泄，大叫："左右下手！"左右方欲动手，皆被关公拔剑砍之。卞喜下堂绕廊而走，关公弃剑执大刀来赶。卞喜暗取飞锤掷打关公。关公用刀隔开锤，赶将入去，一刀劈卞喜为两段。随即回身来看二嫂，早有军人围住，见关公来，四下

名师释疑

汜水关（sì）：又名虎牢关，是洛阳八关之一，也是洛阳东面的门户和重要的关隘。此地地势险要，是历代兵家必争之地。

名师指津

这里普净因念及与关羽的同乡之情和敬佩他的英雄气概，暗中提醒他，使他有了防备，这也是关羽能够顺利斩杀卞喜的关键原因。

奔走。关公赶散，谢普净曰："若非吾师，已被此贼害矣。"普净曰："贫僧此处难容，收拾衣钵，亦往他处云游也。后会有期，将军保重。"关公称谢，护送车仗，往荥阳进发。

荥阳太守王植，却与韩福是两亲家；闻得关公杀了韩福，商议欲暗害关公，乃使人守住关口。待关公到时，王植出关，喜笑相迎。关公诉说寻兄之事。植曰："将军于路驱驰，夫人车上劳困，且请入城，馆驿中暂歇一宵，来日登途未迟。"关公见王植意甚殷勤，遂请二嫂入城。馆驿中皆铺陈了当。王植请公赴宴，公辞不往；植使人送筵席至馆驿。关公因于路辛苦，请二嫂晚膳毕，就正房歇定；令从者各自安歇，饱喂马匹。关公亦解甲憩息。

却说王植密唤从事胡班听令曰："关某背丞相而逃，又于路杀太守并守关将校，死罪不轻！此人武勇难敌。汝今晚点一千军围住馆驿，一人一个火把，待三更时分，一齐放火；不问是谁，尽皆烧死！吾亦自引军接应。"胡班领命，便点起军士，密将干柴引火之物，搬于馆驿门首，约时举事。胡班寻思："我久闻关云长之名，不识如何模样，试往窥之。"乃至驿中，问驿吏曰："关将军在何处？"答曰："正厅上观书者是也。"胡班潜至厅前，见关公左手绰髯，于灯下凭几看书。班见了，失声叹曰："真天人也！"公问何人，胡班入拜曰："荥阳太守部下从事胡班。"关公曰："莫非许都城外胡华之子否？"班曰："然也。"公唤从者于行李中取书付班。班看毕，叹曰："险些误杀忠良！"遂密告曰："王植心怀不仁，欲害将军，暗令人四面围住馆驿，约于三更放火。今某当先去开了城门，将军急收拾出城。"关公大惊，忙披挂提刀上马，请二嫂上车，尽出馆驿，果见军士各执火把听候。关公急来到城

名师释疑

绰髯(chāo rán)：捋着胡子。绰，拿起；髯，长须。

边，只见城门已开。关公催车仗急急出城。胡班还去放火。关公行不到数里，背后火把照耀，人马赶来。当先王植大叫："关某休走！"关公勒马，大骂："匹夫！我与你无仇，如何令人放火烧我？"王植拍马挺枪，径奔关公，被关公拦腰一刀，砍为两段。人马都赶散。关公催车仗速行，于路感胡班不已。

行至滑州界首，有人报与刘延。延引数十骑，出郭而迎。关公马上欠身而言曰："太守别来无恙！"延曰："公今欲何往？"公曰："辞了丞相，去寻家兄。"延曰："玄德在袁绍处，绍乃丞相仇人，如何容公去？"公曰："昔日曾言定来。"延曰："今黄河渡口关隘，夏侯惇部将秦琪据守，恐不容将军过渡。"公曰："太守应付船只，若何？"延曰："船只虽有，不敢应付。"公曰："我前者诛颜良、文丑，亦曾与足下解厄。今日求一渡船而不与，何也？"延曰："只恐夏侯惇知之，必然罪我。"关公知刘延无用之人，遂自催车仗前进。到黄河渡口，秦琪引军出问："来者何人？"关公曰："汉寿亭侯关某也。"琪曰："今欲何往？"关公曰："欲投河北去寻兄长刘玄德，敬来借渡。"琪曰："丞相公文何在？"公曰："吾不受丞相节制，有甚公文！"琪曰："吾奉夏侯将军将令，守把关隘，你便插翅，也飞不过去！"关公大怒曰："你知我于路斩戮拦截者乎？"琪曰："你只杀得无名下将，敢杀我么？"关公怒曰："汝比颜良、文丑若何？"秦琪大怒，纵马提刀，直取关公。二马相交，只一合，关公刀起，秦琪头落。关公曰："当吾者已死，余人不必惊走。速备船只，送我渡河。"军士急撑舟傍岸。关公请二嫂上船渡河。渡过黄河，便是袁绍地方。关公所历关隘五处，斩将六员。后人有诗叹曰：

名师指津

关羽连闯五关，斩杀了曹操守城的六员大将：东岭关杀了孔秀；洛阳城杀了韩福、孟坦；汜水关杀了卞喜；荥阳杀了太守王植；黄河渡口杀了秦琪。"过五关斩六将"因此得名。后人们用"过五关，斩六将"比喻英勇无比或下决心克服重重困难。

挂印封金辞汉相，寻兄遥望远途还。

马骑赤兔行千里，刀偃青龙出五关。

忠义慨然冲宇宙，英雄从此震江山。

独行斩将应无敌，今古留题翰墨间。

◆ 艺术特色

《三国演义》是我国古代第一部长篇章回小说，代表着历史演义小说的最高峰。小说描写的是以曹操、刘备、孙权为首的魏、蜀、吴权力集团的矛盾和斗争。以一定的历史事实为基础，展现了三国时期错综复杂的政治矛盾和军事冲突，影响深远。

全书共1000多个人物，主要人物各具特色。作者抓住基本，突出个性，运用夸张、对比、衬托等手法。如被人们津津乐道的“三绝”：曹操的“奸绝”、关羽的“义绝”、孔明的“智绝”。在人物塑造上，将他们放在实际的矛盾斗争中，通过言行和环境表现其思想性格。如曹操的一言一行都流露着阴险狡诈。

该评价首次由清代评论家毛宗岗提出。

名师指津

《三国演义》作为描写战争的历史小说，成功刻画了东汉末年气势恢宏的各国纷争的画卷。它揭露了封建统治阶级之间的斗争，体现了在战争之中蕴含的决策和智慧。

在战争场面上，大大小小40多次，各个驰魂夺魄。对于具有决定意义的关键性战役，作者会加重笔墨。以人物为中心，涉及方方面面，包括战略战术、实力悬殊对比，地点设置等，充分表现了战争的复杂性。内容丰富多彩，变化多端。既表现了战争的激烈和精彩，又凸显了场面的惊险和刺激。在手法上，动中有静，张弛有度，格调高昂，让人感觉不到凄惨。如关羽“过五关斩六将”、赵云“单骑救幼主”、诸葛亮“空城计吓退司马懿”等场面，广为流传。

这部小说在结构上也别具特色。从纵向看，以魏、蜀、吴三国兴亡为主线，以战争发展和人物活动为线索，将90多年的故事以三个主要阶段呈现。第一阶段是从黄巾起义到赤壁之战，第二阶段从三国鼎立到诸葛亮病逝，第三阶段从诸葛亮病逝一直到晋一统天下。在结构处理上，有轻重之分，重点突出蜀魏，对吴国的叙述有时简单。

在语言上，凝练通顺，明白如话，近似白话。这种独创的方法，突破了过去的粗糙芜杂，有一定的进步意义。

名师指津

而且小说还运用对比、烘托、渲染、夸张等艺术手法塑造出了一个又一个鲜活生动、有血有肉的人物形象。

◆ 文学地位

1994 年，电视连续剧《三国演义》红遍了中国的大江南北。据统计，它的收视率创当时近 10 年之最。人们对它津津乐道、赞不绝口。而这部电视剧所依据的蓝本，正是中国古代四大名著之一——《三国志通俗演义》，也就是我们探讨的这部《三国演义》。

名师释疑

蓝本：著作所根据的底本，多用于书面语。

《三国演义》塑造的人物和讲述的故事，对我们的生活产生了影响。如桃园三结义，各个阶层人士争相效仿。诸葛亮、张飞、关羽、赵云等是人民心目中的榜样。刘备是正义的化身，曹操是奸邪的代表。还有一些故事成为经典，口耳相传。如三英战吕布、草船借箭、赤壁之战、白帝城托孤、马谡丢街亭等。其中的民谚也广为人所用，如既生亮，何生瑜；说曹操，曹操到；挟天子以令诸侯；万事俱备，只欠东风；扶不起来的阿斗；司马昭之心，路人皆知……

《三国演义》在中国文学史上具有很高的地位，是中国第一部章回体长篇历史小说。作为历史小说，达到像《三国演义》这样既高度忠实于历史真实，又具有很高艺术性的作品，在世界文学史上也是不多见的。在中国文学史上，也许还没有一部作品能够像《三国演义》那样长时期吸引着众多读者，几百年来它一直

名师指津

它采用了简明精练的语言，文章浅显易懂，能够雅俗共赏，而且笔法丰富多变，使情节跌宕起伏。这部璀璨夺目的作品代表着古代历史小说的最高成就。

为我们整个民族所珍爱。它对中华民族的精神文化生活产生了广泛而深远的影响，对于促进民族性格的形成，推动民族精神的高扬，都起着不容忽视的巨大作用。

《三国演义》代表着历史演义小说的顶峰，影响深远。不仅为其他艺术创作提供了素材，也对社会生活的方方面面发挥了效力。

《三国演义》开创了中国历史小说的先河。自罗贯中把三国历史写成小说以来，明清两代甚至到民国的文人都纷纷效法，取中国历史中一段，写成各种历史小说。于是，在中国文学史上，历史小说成为一大潮流。明代比较有名的历史小说，就有《东周列国志》《杨家将演义》等。直到现在，中国几千年的历史，都已写成了各种历史小说。近几年出版的《五千年演义》等，无不是罗贯中笔下历史演义的继承和发展。

《三国演义》运用一种较为成熟的演义体语言塑造了四百多个生动鲜活的人物形象，创造了一种新的小说体裁。也激发了一批文人继续编写的热情。嘉靖年之后，各种历史演义小说不断问世，据不完全统计，现在保存下来的明、清两代的历史演义就有一二百种。

从内容上看，《三国演义》是“七分事实，三分虚构”。所谓的“七分事实”是指，书中的事件和人物大都取材于现实生活。如：黄巾起义、董卓之乱、赤壁之战等等，历史上确有其事。董卓、曹操、刘备、关羽、张飞、诸葛亮等，史书上也有记载。历史小说的基本原则是所涉及历史要和史实相符。不过，归根到底，《三国演义》还是一部小说。因此，所谓的“三分虚构”是指其中有部分内容和情节有虚构和夸大的成分。如：“吴国太佛寺看新郎”“献密计黄盖受刑”和“七星坛诸葛亮祭风”等事件，都是虚构的。在刘备、曹操、诸葛亮等人物大的塑造上，不是完全依据《三国志》，而是根据“尊刘贬曹”的思想进行了改编。经过作者的美化、丑化，甚至神化，这些人物已经艺术化。

这部小说出现之后，立即在社会上流行，对文艺创作产生了很大影响。不少文人模仿《三国演义》的语言文字风格，使用半白半文的浅近文字写作，历史演义小说也大批出现。如此，让许多初通文字的人们也能读历史演义小说，扩大了读者范围。在中国文学史上，元代以前长篇巨著是很少的，一般都是篇幅短小的作品。《三国演义》的出现，改变了这种现象。这中间除了罗贯中个人具备了创作长篇小说的能力之外，社会的发展和读者的需求也是重要的促进因素。人类社会进化到了明代，物质和精神的财富积累已经到了较高的水平，人们的生活也逐渐丰富起来。要想比较广泛地、全景地反映出社会各阶层人们活动的场面，篇幅短小的作品显然是难以胜任的，读者也是不满足的。

《三国演义》篇幅宏大，约八十余万字，开中国长篇小说之先河。

名师指津

自此以后，中国文坛也进入了长篇小说兴起的时代。

《红楼梦》

◆ 作者简介

曹雪芹(1715—1763)，名霑，字梦阮，号雪芹、芹圃、芹溪，是中国伟大的现实主义作家。他的祖籍为今辽宁省辽阳市，先世原是汉人，后为满洲正白旗“包衣”(满洲贵族的家奴)。曹雪芹的祖父曹寅是当时的名士，能写诗、词、戏曲，又是有名的藏书家，著名的《全唐诗》就是由他主持刻印的。父辈的曹颙和曹頫相继担任江宁织造达60余年之久，颇受康熙帝宠信。

名师指津

“雪芹”二字出自于苏轼的《东坡八首》之三：“泥芹有宿根，一寸嗟独在；雪芹何时动，春鸠行可脍。”

曹雪芹在富贵荣华中长大，后来康熙皇帝去世，曹家渐渐失了恩宠。雍正初年，因统治阶层的内部博弈，曹家被牵连抄家，曹頫革职入狱，家道中落。这一重大打击，使曹雪芹认识到了世态炎凉与人情冷漠，更深刻地看清了封建社会制度的本质。从此，远离官场，蔑视权贵，生活困窘。他多才多艺，擅长写作。以坚强的毅力完成了《红楼梦》，将中国古典小说的创作推向最高峰。

《红楼梦》以其丰富的内容，曲折的情节，深刻的思想认识，精湛的艺术手法成为中国古典小说中伟大的现实主义作品。乾隆二十七年（1762），幼子夭亡使得曹雪芹陷于过度忧伤和悲痛中，身体每况愈下。这一年的除夕，他因贫病无医而逝世。在他生前，《红楼梦》没能完稿。现在我们看到的 120 回版本的《红楼梦》，其中前 80 回是曹雪芹所写，后 40 回一般被认为是高鹗所著，但红学界一直存在争议。

◆ 写作背景

在当时，曹雪芹的非凡经历具有社会意义，为文学创作提供了很好的素材。他的家族，既是封建经济集团的典型代表，又是与宫廷交往甚密的豪族。因此，充分反映了统治阶层的腐朽本质，集中体现了当时复杂的阶级矛盾和腐朽的道德伦理。

曹雪芹生在这样的封建豪门大家，亲身感受了统治阶级的腐败，对其有着深刻的影响。主要表现在两方面：一是阶级烙印明显，仍眷顾统治阶层的生活，形成了悲观消极、虚幻空想的世界观。二是生活发生急剧转变，经历了家族的盛衰变化后，反而磨炼了他的文学才华，使其在小说创作上大放光彩。在一贫如洗的时候，他开始回顾和反思自己当初所生活的阶级圈，对其有了清醒的认识。

曹雪芹恰好经历了家族由盛而衰的过程，使他在熟悉了贵族家庭和封建统治阶级的人情世故的同时，又能清醒地看透剥削阶级的腐朽和罪恶。为他的作品奠定了一定的现实基础。

《红楼梦》创作的时代背景是“乾隆盛世”。当时，表面上看，百姓安居乐业，国家安定祥和。实际上，整个社会暗流涌动，矛盾丛生。有统治上层与下层农民的矛盾，有新兴市民力量和封建统治的矛盾，有初步民主思想和封建思想的矛盾，有统治者的内部矛盾等等。随着矛盾的日益加剧，王朝统治出现了由盛转衰的迹象。曹雪芹敏锐地察觉到这一点，以自己丰富的生活阅历为基础，开始创作《红楼梦》。

名师指津

当时的社会背景是中国封建社会末期，清政府施行闭关锁国的策略，虽然表面看来，举国上下一片安宁，但实际上其中蕴含的各种社会矛盾正在激化发展，是整个国家盛极而衰的转折。

◆ 内容概述

相传，女娲补天所炼之石剩下一块，被丢在青埂峰下。这块石头因没有补天，自怨自艾，有了灵气，可大小随意，来去自如。一天，一僧一道路过，觉得灵石可爱，便带它到“昌明隆盛之邦、诗礼簪缨之旅、花柳繁华地、富贵温柔乡”走了一道。过了很久，空空道人路过，看到石上所刻经历，全部抄下。以下便是所抄内容：

名师释疑

簪缨(zān yīng)：古代达官贵族的头饰。后用来指高官显宦。簪是文饰，缨是武饰。

乡宦甄士隐住在姑苏阊门外的葫芦庙旁，曾资助寄住在庙里的穷儒贾雨村，上京赶考。后甄家落难，先是女儿英莲在元宵夜被拐，后因葫芦庙失火，甄家被烧。甄与妻子投靠岳父被冷落，出家为僧。贾雨村考中进士，任县令，因贪财被免，到盐政林如海家教其女儿林黛玉读书。贾母因黛玉丧母，想接外甥女到贾府，林如海委托贾雨村相送。在荣国府的帮助下，贾雨村任金陵应天府。黛玉到荣国府，见了贾赦之妻邢夫人、贾政之妻王夫人、贾琏之妻王熙凤，及迎春、探春、惜春和贾宝玉。宝黛二人初见，感觉似曾相识。

名师指津

小说开头用“女娲补天”“木石前盟”两个典故做楔子，道出了宝玉与黛玉前世的尘缘，故而，两人初次相见便有熟悉之感。

贾雨村审英莲被拐，胡乱断案，将涉案之人薛蟠放走。梅花盛开，尤氏请贾母等到宁国府赏玩。宝玉在贾珍儿媳秦可卿房内午睡，梦游太虚幻境，见“金陵十二钗”图册，听演《红楼梦》曲。醒来与丫鬟袭人发生关系。

薛宝钗随身带着癞头和尚的金锁，黛玉常暗讽宝钗，警告宝玉。贾珍之父贾敬生日当天，在家庆贺。因林如海抱病，黛玉返回姑苏。秦可卿病死，贾珍办奢华丧礼。凤姐爱财，因三千两银子，在送葬途中逼死了一对年轻恋人。林如海死后，黛玉寄人篱下，暗自流泪，身体虚弱。

贾元春封妃省亲，荣国府修建了豪华的大观园，女尼妙玉因此进入荣府。元宵夜，元春回家，宝玉和众姐妹献诗，黛玉作诗一首。袭人假意离开宝玉，在宝玉的哀求下，袭人趁机劝宝玉读书。宝玉和黛玉两情相悦，却因宝钗或小事经常争吵。宝玉及众姐妹搬入大观园，成天和女孩子厮混。

贾环嫉妒宝玉，抄经书时故意用蜡烛将宝玉烫伤。赵姨娘恨凤姐和王夫人，请马道婆施法诅咒，癞和尚和跛道人将二人治好。黛玉忧郁伤心，葬花后写下了《葬花辞》。晴雯错手弄坏扇子，和宝玉争吵。晚间乘凉，宝玉为博晴雯笑，故意让她撕扇子。丫鬟金钏儿与宝玉说笑，被王夫人逼死。宝玉认识了伶人蒋玉菡，贾政大怒，棍打宝玉。王夫人让袭人给宝玉做妾。探春成立了诗社，宝钗在第一次咏白海棠时夺魁，黛玉在第二次菊花诗时力压群芳。

名师指津

黛玉怜惜落花，将落花比作自己，将贾府和整个封建社会比作污浊。所以她认为只有将花埋葬，让其随土而化才不会玷污花的贞洁。她怜惜花就是怜惜自己，体现了她超脱世俗的情怀和孤傲的精神。

贾母留刘姥姥住在贾府，游了大观园。在宴席间，被众人开玩笑。凤姐生日，全家上下都出钱为其办宴席。当天，凤姐喝醉了，回家发现贾琏和仆妇相勾搭，大哭大闹。贾母闻讯赶来，迫使贾琏认错赔罪。

宝钗发现黛玉在行酒令的时候，引用了《西厢》曲文，没有责怪，还原谅了黛玉。黛玉觉得宝钗人很好，一直以来是自己太小人。从此，两人的关系出现转折。黛玉写了《秋窗风雨夕》，表达自己的愁思。贾赦看上丫鬟鸳鸯，让邢夫人想办法。鸳鸯不愿意，贾母责备了邢夫人。

在一次宴会上，薛蟠戏弄柳湘莲被打，觉得丢人，便外出经商。在大观园的诗社中，又加入了香菱和几个姑娘，大观园作诗、猜灯谜，热闹非凡。袭人回家探母，晴雯受寒生病。宝玉将贾母送的雀金裘烧坏，晴雯抱病连夜修好。年底，贾珍嫌宁国府庄头交的东西少。凤姐因操劳过度小产，探春、宝钗等人共同料理家事。探春的舅舅过世，探春没有过多给钱，和母亲闹得很不愉快。探春派专人管理各处，管理人也可从中获利。

紫鹃为了试探宝玉对黛玉的真心，骗说黛玉准备离开。宝玉信以为真，精神病发。黛玉看到了宝玉的真心，大家也以为他俩能结成良缘。薛姨妈收黛玉为干女儿，钗黛二人更加融洽。

荣国府暗流涌动，关系复杂。贾环想要蔷薇硝，宝玉丫鬟芳官偏给茉莉粉。赵姨娘大闹、芳官干娘的侄儿偷茯苓霜等等，使仆人之间的平衡差点打破。宝玉生日，贾敬丧命，尤氏忙于丧事，母亲和妹妹过来帮忙。贾琏觊觎尤二姐，偷养在外。二姐和贾珍也有不正当关系，贾珍又想勾引尤三姐。尤三姐爱恋柳湘莲，对此很生气。贾琏出门办事，偶遇薛蟠和柳湘莲。薛蟠遭遇强盗，因柳湘莲而获救，从此两人称兄道弟。贾琏给柳说媒，柳也同意。回京后，向尤母提亲。听到宝玉闲谈尤家，内心起疑，又去退婚。最后尤三姐自杀，柳出家为僧。贾琏娶尤二姐的事被凤姐得知，凤姐表面上通情达理，将二姐接回府中，还让贾母等也同意了此事。贾琏因做事利索，回来后贾赦又送了他一个妾，凤姐趁机逼死了尤二姐。

名师指津

黛玉因自己的身世凄苦而伤怀，又为与宝玉渺茫的前途而落泪，再加上窗外雨落不停更显凄凉，因而有感而发，写下了这首古体诗。

名师释疑

觊觎（jì yú）：希望得到（不应该得到的东西）。

丫鬟傻大姐偶然捡到绣有春宫画的香囊，王夫人看到后，非常生气。在一群妇人的挑唆下，搜检大观园。迎春天生懦弱，被赶了出去；探春不服，暴打了仆妇；惜春与哥嫂断绝关系；晴雯被赶走，抱恨而终，贾宝玉写《芙蓉女儿诔》来祭奠她。薛蟠有了夏金桂，又垂涎宝蟾，金桂也同意。在夏的离间下，香菱被毒打。薛姨妈不同意，与媳妇闹翻，薛蟠待不下去，又离开了家。

名师释疑

诔（lěi）：叙述死者事迹，表示哀悼。又或表示这类哀悼死者的文章。

大观园已经不如往日热闹。贾政让年纪不小的宝玉去读书，迎春出嫁了，宝钗被琐事缠身，黛玉染病。凤姐为了迎合贾母，让宝玉娶了宝钗。宝玉看着雀金裘，睹物思人，想起了死去的晴雯。黛玉听到宝玉的婚事，生病绝食；又听说婚事未成，病便痊愈了。

名师指津

黛玉的病其实是心病，自己心爱的人要与别人成亲她自己心中不快，于是就病倒了。而又听说婚事未成，病便自然痊愈了。

薛蟠打死酒馆小二被捕，金桂和宝蟾看上了薛蝌。海棠开花，大家设宴庆贺。晚上，宝玉的玉丢了，人变傻了。贾母选定“金命”的宝钗为宝玉冲喜完婚。为防宝玉闹事，凤姐设下调包计，宝黛以为二人喜事将近，却不想早已注定了悲剧的结局。黛玉得知实情，吐血烧诗，在成亲那天死去。洞房之夜，宝玉发现真相，病情更加严重。

大观园越来越冷清。凤姐闹鬼，尤氏病重，道士作法。香菱不小心看到夏金桂调戏薛蝌，夏金桂本想害死香菱，却反害了自己。

皇帝生气荣宁二府的所作所为，命令抄家革职。在权贵的帮助下，荣府得免，贾政继承了世职。宝钗生日，设宴庆祝，可席上冷冷清清。贾母病死，鸳鸯自杀。凤姐病重，主丧力不从心，也去世了。强盗打劫荣府，妙玉被劫，死于匪寇刀下。惜春出家。

宝玉又梦游太虚境，看到了众多荣府逝者。有黛玉、鸳鸯、尤三姐等，醒来后更加抑郁。通灵玉回到了宝玉身边，应考后出了家。中举的消息传来后，宝玉撒手而去。

贾雨村因罪革职，与成仙的甄士隐偶遇在觉迷渡口。甄士隐将贾家的一切详细地告诉了贾雨村。

◆ 经典选读

宝黛初会

一语未了，只听外面一阵脚步响，丫鬟进来笑道："宝玉来了！"黛玉心中正疑惑着："这个宝玉，不知是怎生个惫懒人物，懵懂顽童？倒不见那蠢物也罢了。"心中想着，忽见丫鬟话未报完，已进来了一位年轻的公子：头上戴着束发嵌宝紫金冠，齐眉勒着二龙抢珠金抹额，穿一件二色金百蝶穿花大红箭袖，束着五彩丝攒花结长穗宫绦，外罩石青起花八团倭缎排穗褂，登着青缎粉底小朝靴。面若中秋之月，色如春晓之花，鬓若刀裁，眉如墨画，面如桃瓣，目若秋波。虽怒时而若笑，即瞋视而有情。项上金螭璎珞，又有一根五色丝绦，系着一块美玉。黛玉一见，便吃一大惊，心下想道："好生奇怪，倒象在那里见过一般，何等眼熟到如此！"只见这宝玉向贾母请了安，贾母便命："去见你娘来。"宝玉即转身去了。一时回来，再看，已换了冠带：头上周围一转的短发，都结成小辫，红丝结束，共攒至顶中胎发，总编一根大辫，黑亮如漆，从顶至梢，一串四颗大珠，用金八宝坠角，身上穿着银红撒花半旧大袄，仍旧带着项圈、宝玉、寄名锁、护身符等物；下面半露松花撒花绫裤腿，锦边弹墨袜，厚底大红鞋。越显得面如敷粉，唇若施脂；转盼多情，语言常笑。天然一段风骚，全在眉梢；平生万种情思，悉堆眼角。看其外貌最是极好，却难

名师指津

这一段用极简练精湛的语言描写了宝玉的衣着、发饰和容貌，将一位俊俏的翩翩公子刻画得栩栩如生。

知其底细。后人有《西江月》二词，批宝玉极恰，其词曰：

名师指津

这两首词看似是贬，实则是褒，作者运用寓褒于贬的手法表现了贾宝玉有些叛逆的性格特点。

无故寻愁觅恨，有时似傻如狂。纵然生得好皮囊，腹内原来草莽。潦倒不通世务，愚顽怕读文章。行为偏僻性乖张，那管世人诽谤！

富贵不知乐业，贫穷难耐凄凉。可怜辜负好韶光，于国于家无望。天下无能第一，古今不肖无双。寄言纨袴与膏粱：莫效此儿形状！

贾母因笑道："外客未见，就脱了衣裳，还不去见你妹妹！"宝玉早已看见多了一个姊妹，便料定是林姑妈之女，忙来作揖。厮见毕归坐，细看形容，与众各别：两弯似蹙非蹙罥烟眉，一双似泣非泣含露目。态生两靥之愁，娇袭一身之病。泪光点点，娇喘微微。闲静时如姣花照水，行动处似弱柳扶风。心较比干多一窍，病如西子胜三分。宝玉看罢，因笑道："这个妹妹我曾见过的。"贾母笑道："可又是胡说，你又何曾见过他？"宝玉笑道："虽然未曾见过他，然我看着面善，心里就算是旧相识，今日只作远别重逢，未为不可。"贾母笑道："更好，更好，若如此，更相和睦了。"

初次见面便神情自若地与黛玉攀谈，还送她表字，这里体现出宝玉的风流多情。颦颦：皱着眉头形容忧愁，这里体现了黛玉扶风弱柳的娇柔体态。

宝玉便走近黛玉身边坐下，又细细打量一番，因问："妹妹可曾读书？"黛玉道："不曾读，只上了一年学，些须认得几个字。"宝玉又道："妹妹尊名是那两个字？"黛玉便说了名。宝玉又问表字。黛玉道："无字。"宝玉笑道："我送妹妹一妙字，莫若'颦颦'二字极妙。"探春便问何出。宝玉道："《古今人物通考》上说：'西方有石名黛，可代画眉之墨。'况这林妹妹眉尖若蹙，用取这两个字，岂不两妙！"探春笑道："只恐又是你的杜撰。"宝玉笑道："除《四书》外，杜撰的太多，偏只我是杜撰不成？"又问黛玉："可也有玉没有？”众人不解其语，黛玉便忖度着因他有玉，故问我有也无，因答道：“我没有那个。想来那玉是一件罕物，岂能人人有的。”宝玉听了，登时发作起痴狂病来，摘下那玉，就狠命摔去，骂道：“什么罕物，连人之高低不择，还说‘通灵’不‘通灵’呢！我也不要这劳什子了！”吓的众人一拥争去拾玉。贾母急的搂了宝玉道：“孽障！你生气，要打骂人容易，何苦摔那命根子！”宝玉满面泪痕泣道：“家里姐姐妹妹都没有，单我有，我说没趣；如今来了这们一个神仙似的妹妹也没有，可知这不是个好东西。”贾母忙哄他道：“你这妹妹原有这个来的，因你姑妈去世时，舍不得你妹妹，无法处，遂将他的玉带了去了：一则全殉葬之礼，尽你妹妹之孝心；二则你姑妈之灵，亦可权作见了女儿之意。因此他只说没有这个，不便自己夸张之意。你如今怎比得他？还不好生慎重带上，仔细你娘知道了。”说着，便向丫鬟手中接来，亲与他带上。宝玉听如此说，想一想大有情理，也就不生别论了。

名师指津

一个“搂”字，体现了贾母焦急的情态，突出了那块玉的重要。

◆ 艺术特色

《红楼梦》是一部百科全书式的长篇小说。它以一个贵族家庭为中心展开了一幅广阔的社会历史图景，社会的各阶级和阶层都得到了生动的描画。《红楼梦》的博大精深在世界文学史上是罕见的。

《红楼梦》最大的艺术特色在于它真实、人性的描写。无论写人、写事、写景、写生活，红楼梦都给予了我们绝对真实的画面。绝非片面的缩略，而是大家庭生活的具体再现，给人以身临

名师指津

曹雪芹在塑造人物的时候打破了常规的“好人一切都好，坏人一切都坏”的写作手法。他将笔下的人物融入大的社会背景之中，人物的性格受各种因素的影响，矛盾冲突不断，人物性格更加突出，真实生动。

其境的感觉。就写人来说，全书描写了900多个人物，每一个人，无论是主子或丫鬟、乞丐或和尚，都有他们的特色，饱满且丰富。好或者坏，无法言明，这种对复杂人性入木三分的描写，毫无疑问是红楼梦的一大亮点，也是红楼梦中让人印象最深的特点之一。在人物塑造方面，打破了人物类型化、绝对化的描写，人各一面，毫不雷同，并对心理做了大量描写。

小说的主人公是贾宝玉，聪明有灵性，作为嫡系子孙被众人寄予厚望。可贾宝玉的性格和家族格格不入，平等待人，尊重个性，主张生活自由。他把人划分为真假、善恶和美丑。他憎恨世俗男子，尊重地位低下的女性。因此，他不喜欢自己的家庭，喜欢与志趣相投、出身低下的人结交。在婚姻观上，最能反映宝玉向往自由的个性。他不理会家族观念，只想要一份真挚的爱情，和林黛玉相爱。在爱情观和封建利益矛盾相冲突的情况下，宝玉不断克服自身弱点，使其更加叛逆，在思想上更具进步性。但他还没有完全摆脱封建思想的束缚，仍然对其有一定的依赖性，没有否定封建特权。这也导致他不可能与封建阶层彻底划清界限，又不想放弃自己追求自由和民主的理念，最终去到虚幻的超现实世界中寻求超脱和安慰。

和贾宝玉相比，林黛玉更是一个悲剧性的人物。她出身的家庭已经衰落，没有受到太多礼教和世俗观念的影响。她天性纯真，敢爱敢恨，独来独往。当她被迫寄居在荣国府后，依然出淤泥而不染。她时刻警惕，自矜自重，自我保护。在这一冷酷的家庭氛围中，她唯一可以依靠的人只有宝玉。她的爱情观是心心相印、彼此忠诚、专一认真。在当时的社会环境下，这样的爱情注定以悲剧收场。在封建社会，子女必须遵守父母之命、媒妁之言。黛玉的这种追求自我的爱情观，必然与封建社会产生矛盾，触动豪门大族的根本利益。最终，黛玉怀揣着内心纯洁的爱情，和对社会的怨恨之情，离开人世，兑现了“质本洁来还洁去”的诺言。

薛宝钗出身富贵，博览诗书，聪明有才。与黛玉向往美好的精神世界不同，薛宝钗始终注重眼前利益，追求富贵荣华的物质生活。虽然贾宝玉爱的是黛玉，但在婚姻上，薛宝钗却占据绝对优势。她凭借自己的品格和能力，深得贾家长辈的喜爱，逐步确立了自己是“宝二奶奶”的地位。而且，薛家的财富是贾家所没有的，这为薛宝钗的婚姻提供了经济基础。然而，她也是一个悲剧性的人物，和宝玉的成婚注定了悲剧的开始，徒具“金玉良姻”的外壳罢了。

在叙事手法上，突破了传统的单线结构的方式，采用了多线索并进、交叉、相互制约的网状结构。小说有两条主线贯穿其中，一条是宝玉、黛玉、宝钗三人之间纠葛的爱情，另一条是贾府的盛衰。除此之外，还有一些细枝末节的副线，将整个故事穿插起来，讲述了一个完整的情节。在结构上，书中为我们呈现了神话、理想和现实三个世界，它们相互交叉重叠。贾府这一现实世界，是三人爱情纠葛的主要现实环境，催生了叛逆者的理想世界。追求自由的叛逆爱情观，又给了现实世界的贾府迎头痛击，使它加速衰落。在小说中，有两个关键性的人物，一个是甄士隐，另一个是贾雨村。甄士隐是神话世界和现实世界的中间人，贾雨村又将甄士隐与贾府联系起来。在这三个世界中，所有的人和事互相映衬，纵横交错，真真假假，蒙上了一层神秘面纱。

《红楼梦》的语言也别具特色。无论是讲述时的语言还是人物对话的语言，都极为精美且富有感染力，字里行间，都不经意

名师指津

出自于《葬花吟》，句意是：本质冰清玉洁地来，最后还冰清玉洁地去。

名师指津

薛宝钗的悲剧，不仅仅是她自身性格的悲剧、爱情的悲剧，更是整个社会的悲剧、时代的悲剧。而这种悲剧的产生，很大程度上是处于封建礼教的压迫。

名师指津

甄士隐和贾雨村两个角色是作者揭示《红楼梦》一书的主题，点明人生真与假的两个关键人物。甄士隐就是“真事隐”，贾雨村名贾化，就是“假话”。其实红楼梦里好多人物都是谐音命名，均为作者的暗示。

间带出隐晦的嘲讽与暗示。《红楼梦》的语言以北官话为基础，融汇古典书面语精粹，经高度提炼加工而成，生动形象、准确精练、自然流畅、有生活气息和感染力。人物语言能准确显示其身份地位，形神兼备地表现其个性特征。同是小姐，黛玉的语言机敏、尖利，而宝钗则圆融、平稳，湘云爽快、坦诚。同为少妇语言，秦可卿温柔和婉，李纨平淡无味，凤姐机智诙谐。谈到语言的优美，就不得不说其中的诗词。每人一种风格，如此多的词，全部出自一人之手。越读，越发现其中的玄妙。《红楼梦》的诗词曲赋有四个特点：第一，个性化。“按头制帽”，诗即其人。第二，情节化，它不是游离的，而是跟情节结合在一起，如第十七回《大观园试才题对额》；第三，借题发挥，伤时骂世，最为典型的，如《芙蓉女儿诔》；第四，暗示未来，即具有谶语性质，表现最明显的，就是判词和曲。

名师释疑

谶语：迷信的人指事后应验的话。

《红楼梦》是一部旷古奇书，其艺术特色，值得我们不断探究。

◆ 文学地位

在中国，迄今还没有哪一部名著能跟《红楼梦》相媲美。如果要举出中国的文学作品在世界上影响最大的一部，非《红楼梦》莫属。《红楼梦》为中国最具文学成就的古典小说及章回小说的巅峰之作，被认为是“中国四大名著”之首，在世界文学之林中也有很高的地位。现代产生了一门以研究《红楼梦》为主题的学科“红学”，“红学”足以和世界文学中的“乔学”相提并论。

名师指津

《红楼梦》不光在中国影响深远，在世界上也具有很大的影响力。它是我国古典小说的巅峰之作，是我国封建社会的百科全书，也是中华传统文化的集大成者。

《红楼梦》是中国古典小说中一部最优秀的现实主义文学巨著，是作者曹雪芹给子孙后世留下来的一件宝贵的艺术珍品。《红楼梦》在成书之时就已经广为流传，它的思想和艺术力量惊动了

当时的社会，清廷屡禁不绝。因此在当时有“闲谈不说红楼梦，读尽诗书是枉然”一说。正因如此，《红楼梦》自刊行后，就相继出现了三十多种续书，《后红楼梦》《续红楼梦》《红楼复梦》《红楼梦补》《红楼幻梦》。就题材内容而言，《红楼梦》是中国小说史上继《金瓶梅》之后一部伟大的世情小说。它直接描写展现了封建社会，尤其是它所处时代的各个社会生活领域。它不仅将社会各个阶级、各个阶层的人囊括无遗，并且使其生动、真实地出现于书中，因而被称之为“封建社会的百科全书”。它将人情世态寓于粉迹脂痕，把现实主义的创作方法推到了最高峰，标志着中国古代小说的艺术水准迈上一个新台阶。在它之后，中国许多小说家都从中汲取营养。

名师指津

这句诗出自《京都竹枝词》之“时尚篇”中，可见《红楼梦》影响之大。你学的知识再多，看的诗书再多，如果没看过《红楼梦》，那也就不算真正懂知识，不算真正饱览群书。

《红楼梦》以其杰出的现实主义创作成就，为当时和后世的艺术创作提供了丰富的经验，以它为题材的诗词、戏剧、曲艺、影视、绘画、舞蹈、雕塑等作品，不胜枚举。《红楼梦》还流传海外，成为世界文学艺术宝库中的瑰宝。

名师指津

《红楼梦》现已翻译成多种版本在世界范围内发行，而且国外也有不少人对它进行精读和研究，发表了不少有关论述。《红楼梦》已经成为世界人民共同的精神遗产。

《家》

◆ 作者简介

巴金（1904—2005），原名李尧棠，字芾甘，笔名巴金。巴金是现代文学家、翻译家、出版家，“五四”新文化运动以来最有影响的作家之一，中国当代文坛巨匠。“巴金”这一笔名源自他在留学法国时认识的一位同学巴恩波，以及这位同学自杀身亡时巴金所翻译的克鲁泡特金著作。他把这二人的名字各取一字，作为他的笔名。

1904年，巴金出生于四川成都一个官僚地主家庭。父亲曾在四川广元县（今广元市）做县令，为官清正，辛亥革命后辞官归隐。巴金的童年时代是在充满亲情和爱的环境下度过的。遗憾的是，他的父母于1914年、1917年先后去世，这也是巴金人生的一个重要转折点。原本富裕的大家庭从此变成一个专制的王国，他的祖父近似于独裁的家庭管理使得巴金的精神世界受到极大的压迫。他看到自己的兄弟姐妹也深受其害，心理滋生出对现实不合理状况的一种憎恨。小说《家》就是以他的家庭为原型创造出来的。

作者童年时候的经历成为他创作《家》的良好素材。

“五四运动”中巴金接受民主主义和无政府主义思潮。1920年旧历年底，巴金的祖父去世，他庆幸“家里再也没有人可以支配”他的行动了。1927年，巴金赴法国学习，在那里他阅读了卢梭、雨果、托尔斯泰等伟大作家的作品，思想渐渐成熟起来。1929年，巴金返回上海，短短四五年间创造出了“爱情三部曲”（《雾》《雨》《电》）等十几部中长篇小说，轰动文坛。后来，他又创作了“激流三部曲”（《家》《春》《秋》），其中影响最大的是《家》。

抗日战争期间，巴金辗转于上海、广州、桂林、重庆，从事各种进步文化活动。抗战经历使得巴金的创作风格发生很大变化，由原来对黑暗社会的强烈憎恨转变为对现实更为冷静而深刻的剖析。这一时期，巴金的代表作有《火》《憩园》《第四病室》《寒夜》等。

名师指津

《火》是对抗战的直接描写；《憩园》体现了巴金对不平等社会的沉思；《第四病室》揭露了社会下层的黑暗；《寒夜》则是巴金对黑暗社会的控诉。这四部作品总体而言，都体现了巴金对20世纪40年代黑暗社会的批判与揭露。

新中国成立后，巴金热情投身于新中国的文艺事业中，创作了大量的散文小说。在“文革”期间，巴金虽受到迫害，但他仍

坚持文学创作，翻译了屠格涅夫的《处女地》、赫尔岑的《回忆与梦想》等。“文革”结束后，巴金创作了《随想录》。书中总结了“文革”的历史教训，剖析了知识分子的心理缺陷，进行了深入的历史反思，这部作品写得沉重、真诚，被誉为“一部说真话的大书”，是巴金文学创作的又一高峰。

2005 年 10 月 17 日，巴金因病逝世于上海。

◆ 写作背景

《家》是一部长篇小说，其故事发生在 20 年代初期的中国四川，书中的高家是一个典型的封建大家庭。巴金通过一个封建大家庭的盛衰发展史，将自己的生活经历融入其中，揭示了当时中国的社会现实。作者将家族内部的尖锐矛盾清晰地呈现出来，年轻一辈的苦恼、抗争和新生刻画得细致入微，老一辈人的迂腐、蛮横、专制等卑劣品质表露无遗。

名师指津

巴金深受“五四运动”的影响，可以说是“五四运动”给了他一双观察世界的慧眼，同时也为他的作品提供了宝贵的背景资料。

《家》写于 1931 年，故事发生的时间是“五四”后期，内容是一个大家庭的悲欢离合。它既处于兴盛之际，同时也有着即将崩溃的隐患。当“五四”的新民主主义风暴，吹进这个封建大家庭，高家的年轻人迅速崛起。他们接受了新民主主义思潮，理想有了新生。开始厌恶所处的生活秩序，想要追求个性自由和婚姻解放。高家少爷最先觉悟，走出家门，参加社会活动。作者以高家少爷的行动为线索，层层深入，将众多人物进行抽丝剥茧，逐渐揭露封建家庭的腐朽不堪。

《家》有着深刻的现实意义，讲述了两代人的矛盾斗争。一代人是年轻人，以少爷觉慧为代表；另一代是迂腐的高老太爷。通过两代人的激烈斗争，一方面反映了社会现实的残酷，揭露了

名师指津

其中父子对立的相处模式，正是现实生活中传统与现代，中国与西方之间的矛盾的关键点所在。小说中所表现的年轻一代的出走正是对封建礼教的反抗；而封建家庭中长辈的故亡更是体现了封建大家庭的崩溃。

封建家长制的腐朽，抨击了家族礼教和伦理道德，揭示了封建制度必然灭亡的命运。另一方面，作者高唱赞歌，赞扬了觉醒的年轻一代和知识分子，他们敢于同腐朽做斗争，敢于同罪恶划清界限。

◆ 内容概述

《家》写于1931年，曾以《激流》为题在上海《时报》上连载。作品的背景是“五四运动”以后的中国社会，它通过高氏大家庭的日趋没落，反映了半封建半殖民地社会全面崩溃的现实。

故事发生在20世纪初期的“五四”新文化运动时期。高家是一个名门望族，有五房儿孙。高老太爷是家族的大家长，长房是觉新、觉民、觉慧三兄弟，继母及继母的女儿淑华。

觉新是长孙，他谦和善良，但性格懦弱，尽管接受了新思想，却不敢冒犯长辈。年轻时，觉新和梅表妹两情相悦，后因高老太爷的干预，娶了李瑞珏。他的婚后生活很美满，有孩子，也爱妻子。可是，表妹始终在他的心里占有一席之地。尤其是新婚不久便做了寡妇的表妹回来，他看到后，内心更加痛苦。没多久，表妹便抑郁而终。

觉民与觉慧两人参加了新文化运动和学生运动。老太爷得知此事后，狠狠地训斥了兄弟俩人，并把他们禁足在家。在老太爷的一手操控下，冯乐山的侄孙女成了觉民的未婚妻。可觉民不乐意，因为他爱的人是琴。觉慧鼓动觉民离家出走，觉新则在爷爷和弟弟之间左右为难。在三个兄弟当中，觉慧最叛逆。他和婢女鸣凤相爱。冯乐山想纳鸣凤为妾，于是，高老太爷不顾鸣凤反对，准备答应朋友的请求。鸣凤得知后，绝望自尽。鸣凤的死，重重

名师指津

可见封建大家庭中老一辈人近似于独裁的家庭管理状态，是受了封建专制统治思想的影响。

打击了觉慧。他在悲愤之中，决定离开这里。

克安和克定分别是高老太爷的四儿子和五儿子。他们既爱喝酒，又好美色。克定不仅在外面欠了债，还骗了妻子的钱，拿去组织小公馆。克安和戏子也有不正当关系。当高老太爷得知这些，盛怒之下，竟然病倒。顿时，各房开始争夺财产，家里乌烟瘴气，鸡犬不宁。老太爷更加生气，最终一命呜呼。瑞珏怀有身孕，陈姨太借口要避开血光之灾，带着瑞珏回到乡下。觉新没有阻止，最后瑞珏因为照顾不当，难产而死。觉新知道后，悔恨不已。他不得不承认，家里应该有个叛逆者。在大哥觉新的支持下，觉慧投身到了上海的革命斗争中。

◆ 经典选读

第二十六章（节选）

她不回自己的房间，却一直往花园里走去。她一路上摸索着，费了很大的力，才走到她的目的地——湖畔。湖水在黑暗中发光，水面上时时有鱼的唼喋声。她茫然地立在那里，回想着许许多多的往事。他跟她的关系一幕一幕地在她的脑子里重现。她渐渐地可以在黑暗中辨物了。一草一木，在她的眼前朦胧地显露出来，变得非常可爱，而同时她清楚地知道她就要跟这一切分开了。世界是这样静。人们都睡了。然而他们都活着。所有的人都活着，只有她一个人就要死了。过去十七年中她所能够记忆的是打骂，流眼泪，服侍别人，此外便是她现在所要身殉的爱。在生活里她享受的比别人少，而现在在这样轻的年纪，她就要最先离开这个世界了。明天，所有的人都有明天，然而在她的前面却横

名师释疑

唼喋（shà zhá）：拟声词，形容成群的鱼、水鸟等吃东西的声音。

着一片黑暗，那一片、一片接连着一直到无穷的黑暗，在那里是没有明天的。是的，她的生活里是永远没有明天的。明天，小鸟在树枝上唱歌，朝日的阳光染黄树梢，在水面上散布无数明珠的时候，她已经永远闭上眼睛看不见这一切了。她想，这一切是多么可爱，这个世界是多么可爱。她从不曾伤害过一个人。她跟别的少女一样，也有漂亮的面孔，有聪明的心、有血肉的身体。为什么人们单单要蹂躏她，伤害她，不给她一瞥温和的眼光，不给她一颗同情的心，甚至没有人来为她发出一声怜悯的叹息！她顺从地接受了一切灾祸，她毫无怨言。后来她终于得到了安慰，得到了纯洁的、男性的爱，找到了她崇拜的英雄。她满足了。但是他的爱也不能拯救她，反而给她添了一些痛苦的回忆。他的爱曾经允许过她许多美妙的幻梦，然而它现在却把她丢进了黑暗的深渊。她爱生活，她爱一切，可是生活的门面面地关住了她，只给她留下那一条堕落的路。她想到这里，那条路便明显地在她的眼前伸展，她带着恐怖地看了看自己的身子。虽然在黑暗里她看不清楚，然而她知道她的身子是清白的。好像有什么人要来把她的身子投到那条堕落的路上似的，她不禁痛惜地、爱怜地摩抚着它。这时候她下定决心了。她不再迟疑了。她注意地看那平静的水面。她要把身子投在晶莹清澈的湖水里，那里倒是一个很好的寄身的地方，她死了也落得一个清白的身子。她要跳进湖水里去。

忽然她又站住了。她想她不能够就这样地死去，她至少应该再见他一面，把自己的心事告诉他，他也许还有挽救的办法。她觉得他的接吻还在她的唇上燃烧，他的面颜还在她的眼前荡漾。她太爱他了，她不能够失掉他。在生活中她所得到的就只有他的

名师释疑

蹂躏(róu lìn)：践踏，比喻用暴力欺压、侮辱、侵害。

名师指津

鸣凤投湖体现了她最后的希望破灭后，对整个世界的反抗，她什么都没有剩下，最后唯一能保住的也只她自己的贞洁。

名师指津

这里写出了鸣凤内心的矛盾，抱着对恋人的一丝希望，希望他可以为自己带来转机，可见她还是不甘心就这样离开这个世界。

爱。难道这一点她也没有权利享受？为什么所有的人都还活着，她在这样轻的年纪就应该离开这个世界？这些问题一个一个在她的脑子里盘旋。同时在她的眼前又模糊地现出了一幅乐园的图画，许多跟她同年纪的有钱人家的少女在那里嬉戏，笑谈，享乐。她知道这不是幻象，在那个无穷大的世界中到处都有这样的幸福的女子，到处都有这样的乐园，然而现在她却不得不在这里断送她的年轻的生命。就在这个时候也没有一个人为她流一滴同情的眼泪，或者给她送来一两句安慰的话。她死了，对这个世界，对这个公馆并不是什么损失，人们很快地就忘记了她，好像她不曾存在过一般。“我的生存就是这样地孤寂吗？”她想着，她的心里充满着无处倾诉的哀怨。泪珠又一次迷糊了她的眼睛。她觉得自己没有力量支持了，便坐下去，坐在地上。耳边仿佛有人接连地叫“鸣凤”，她知道这是他的声音，便止了泪注意地听。周围是那样地静寂，一切人间的声音都死灭了。她静静地倾听着，她希望再听见同样的叫声，可是许久，许久，都没有一点儿动静。她完全明白了。他是不能够到她这里来的。永远有一堵墙隔开他们两个人。他是属于另一个环境的。他有他的前途，他有他的事业。她不能够拉住他，她不能够妨碍他，她不能够把他永远拉在她的身边。她应该放弃他。他的存在比她的更重要。她不能让他牺牲他的一切来救她。她应该去了，在他的生活里她应该永久地去了。她这样想着，就定下了最后的决心。她又感到一阵心痛。她紧紧地按住了胸膛。她依旧坐在那里，她用留恋的眼光看着黑暗中的一切。她还在想。她所想的只是他一个人。她想着，脸上时时浮出凄凉的微笑，但是眼睛里还有泪珠。

名师指津

这里是鸣凤对自己惨淡处境的控诉，对这个世界的不公的质问，体现了她对社会黑暗的无声反抗，选择死亡就是一种最无奈的反抗方式。

名师指津

此处的环境描写，深刻地刻画了鸣凤人生最后时光里的黑暗和孤独，她在爱与恨的煎熬下选择投湖而死，成了封建社会无辜的牺牲品。

最后她懒洋洋地站起来，用极其温柔而凄楚的声音叫了两声："三少爷，觉慧，"便纵身往湖里一跳。

平静的水面被扰乱了，湖里起了大的响声，荡漾在静夜的空气中许久不散。接着水面上又发出了两三声哀叫，这叫声虽然很低，但是它的凄惨的余音已经渗透了整个黑夜。不久，水面在经过剧烈的骚动之后又恢复了平静。只是空气里还弥漫着哀叫的余音，好像整个的花园都在低声哭了。

名师指津

这里是对周围景物的描写，用景物的凄凉来烘托鸣凤的结局悲惨，结尾一句"好像整个的花园都在低声哭了"，更为鸣凤的死添了一些悲伤的色彩。

第三十七章（节选）

四天后，觉新照常到瑞珏的新居去，这一天因为家里有事情他去得比往日迟一点，到了那里已经是午后三点多钟了。

他走进院子，叫了一声"珏"，连忙向她的房间走去。他刚把一只脚放进门槛，便给人拦住了。肥胖的张嫂带着庄严的表情站在房门口，拦住他，不要他进去。她说："大少爷，你进来不得！"她再没有第二句话。然而他已经懂得了。

他毫不反抗地缩回了那只脚，怅惘地在中间房里立了半晌。他忽然觉得有点紧张，就走到外面去了。接着砰的一声瑞珏的房门关上了。里面有脚步声，有陌生的女音在低声说话。

他立在窗下，望着小天井里的青草和野花出神。他有一种奇怪的感觉。这感觉究竟是苦是甜，是喜是悲，是愤怒或是满足，连他自己也说不出来，不过他觉得好像样样都有。几年以前他也曾有过跟这略略相似的感觉，但也只是略略相似而已，实际上却差了许多。他还记得在几年前，当他处在好像跟这相似而实际却跟这不同的情景里的时候，他曾经怀着感动的心情，流下喜悦的眼泪感谢她，照料她。他为她的挣扎而感到痛苦，他又为她给他带来的礼物而感到喜悦。他在旁边看见她经历了那一切而达到最后的胜利，他的心情也由紧张变到宽松，由痛苦变到喜悦。他看见了那个孩子，他的第一个孩子。他还记得他怎样从接生婆的手里接过了那个包裹在襁褓里的婴儿，带着感激与爱怜去吻那张红红的小脸，在心里宣誓要爱那个婴儿，要为婴儿牺牲一切，因为他已经把自己的生命寄托在那个初生孩子的身上了。他又走到妻的床前，看着妻的苍白的、疲倦的脸，摩抚她的一只手，低声问到她的健康，又从眼光里说出许多不能给别人听见的充满着感激与热爱的话。同样她也用得意与热爱的眼光看他，又看那个婴儿，又用感激的声音对他说："我现在很好。你看，他不可爱吗？快给他起一个名字。"她的脸上是怎样地闪耀着喜悦的光辉，那种第一次做母亲的人的喜悦的光辉！

名师释疑

襁褓(qiǎng bǎo)：包裹婴儿的被子和包裹物品。

然而今天同样地她躺在床上，她开始在低声呻吟，房里有人在走动，有人严肃地低声说话。这一切似乎跟从前并没有不同，可是现在他和她却在这样的一个地方，而且两扇木板门隔开了他们，使他就在这一刻也不能够进去看她一眼，鼓舞她，安慰她，或者分担她的痛苦。现在他怀着一种跟从前完全两样的心情等待着将要发生的一切。他没有喜悦，没有满足，他只有恐怖，只有悔恨。他只有一个思想，这就是：

"我害了她。"

名师指津

这里埋下伏笔，为下文瑞珏的死做铺垫。

"少奶奶，你觉得怎样？"张嫂的声音在问。

接着是一阵严肃的沉默。

"哎哟！……哇……哎哟……我痛啊！"

名师指津

觉新是懦弱的，是封建社会毒害下的悲剧典型。在封建思想的束缚和压迫下，在自己妻子难产的时候，他仍然没有办法，也没有勇气冲进去见她一面。

忽然一阵痛苦的叫声从窗里飞出来，直往他的耳朵里钻。这一阵声音使他浑身发抖。他咬紧牙齿，捏紧拳头，极力在挣扎。他起初甚至想，“这不会是她的声音，她从来不曾有过这样大的声音。”然而房里除了她以外还有谁会发出这样的叫声呢？“一定是她，一定是珏。”他自语道。

“哇！……痛啊，……我痛啊！……哎哟！”声音更凄厉了，几乎不像是人的叫声。在房里，脚步声，人声，碗碟家具响动声跟这叫声响在一起。他用手蒙住耳朵，口里喃喃地自语：“一定不是她，一定不是珏。她不会叫得像这样。”他疯狂似的走近窗前伸长了颈项去望。可是窗户紧紧关着。他只能听见声音，他不能够看见里面的情形。他便绝望地掉转了身子。

几个动作描写，生动地体现出了觉新内心的焦急和担忧，还有他不能够亲自进屋去看望瑞珏的无奈和绝望。

“少奶奶，你要忍住，过一会儿就好了。”一个陌生的女音在说。

“我痛啊！……哇！”又是一声怪叫。

“嫂嫂，你忍耐些，这不过是短痛，过一会儿就好了。”是淑华的声音。

叫声渐渐地低下去，后来房里只有了微弱的呻吟。

忽然门开了。他转过身去望。张嫂从里面匆匆忙忙地跑出来，到灶房里去了一趟，又很快地捧了一盆热水走回去。他迟疑一下，便走进了中间屋子，眼睁睁地望着半掩的门。偶尔有一个人影在里面晃动，他的心跳得厉害，但是他还没有进去的念头。等到张嫂从另一间屋子走出来回到瑞珏的房里去时，他突然下了决心要跟着她进去。可是她一进屋立刻就把房门关上了。

他推了几下门，里面没有一声回应。他绝望地放下手，正打算走出去，却又听见里面的怪叫声。他用力推门，他用力捶门。

“哪个？”房里有人在问，这是张嫂的声音。

“放我进来！”他叫道。声音里充满了恐怖、痛苦和愤怒。

没有人答应，也没有人开门。他的妻还在大声叫痛。

“放我进来！张嫂，放我进来！”他愤怒地叫着，一面继续用拳头在门上捶。

“大少爷，你进来不得！我不敢给你开门。太太、四太太、陈姨太她们都吩咐过的！……”张嫂走到门口在里面大声说。

张嫂似乎还在说话，但是他已经不去听她了。他明白她的意思。他记起家里那些长辈们曾经对他说过的话。他的希望，他的勇气都给那些话赶走了。他绝望地立在门前，不能够说一句话来驳倒张嫂。

“大少爷呢？他在哪儿？”在房里瑞珏用悲惨的声音叫起来，“他为什么还不来看我？……张嫂，你去把大少爷请来！我痛啊！……哇！……”这个声音使得觉新连心都紧了。

“珏，我在这儿，我在这儿！珏，我来了！开门！快放我进来！她要见我！你们放我进来！”他忘了自己地狂叫着，他用了他所能够叫出的最大的声音。他又用拳头去捶门。

“明轩，你在哪儿？为什么我看不见你？……我痛啊！你在哪儿？……你们为什么不让他进来？……哇……”

“珏，我在这儿！我就进来！我要守住你！我不会离开你！……放我进来！你们放我进来！你们看她痛成这个样子，你们不可怜她吗？”他嘶声叫着，一面死命地捶着门。

房里静下来了，可是又起了一阵忙乱。有人在奔走，有人在

名师指津

一个“捶”字写出了觉新的内心十分焦躁，将一个人愤怒的情态表现得淋漓尽致。这里体现了他非常紧张瑞珏，不愿看她如此痛苦。

名师指津

觉新面对张嫂的话选择了退缩，这是他对封建礼教的低头和退让，是被封建社会深深禁锢的悲剧人物。

呼唤。“嫂嫂！”“少奶奶！”这些声音响成了一片。他想她一定是昏厥过去了。他更紧张，他用最大的声音叫着：

“珏，我在这儿！你听得见我的声音吗？”

房里的唤声停止了。仿佛瑞珏在说话，过后又是她的呻吟，声音非常微弱。

又过了一些时候。

“哇！我痛啊！……你们不来救我！……明轩，你在哪儿？你为什么也不来救我？……我痛啊！……”她又在里面怪声叫了。

“我在这儿！珏，我给你说我在这儿！我在这儿！珏，听见吗？……放我进来！……三妹，你是懂事的，你快给我开门！你放我进来吧！”他还在外面狂叫。

她的声音又停止了。房里没有人说话。忽然在严肃的静寂中，一个婴儿的哭声响了起来。是宏亮的啼声。

“谢天谢地！”他欣慰地说。他感到一阵轻松，好像心上的大石头已经撤开了。他想她的痛苦快要完了。

现在恐怖和痛苦都去远了。他又一次感到一种不能够用言语形容的喜悦。他的眼里充满了泪水。他感动地想道：“我以后要加倍地爱她，看护她，也要爱这个孩子。”他一个人在房门外笑，又在房门外哭。

“嫂嫂！”过了好一会儿，忽然一个恐怖的叫声从房里飞奔出来，像一块巨石落到他的头上。

“她的手冷了！”这又是淑华的带哭的声音。

“少奶奶！”张嫂也开始叫了。

“嫂嫂！”和“少奶奶！”的声音又响成一片。在房里叫唤的只有两个人，因为除了接生婆以外就只有这两个人。竟然是如此凄凉！

觉新知道大祸临头了。他不敢多想。他又把拳头拚命地在门上擂，擂得门发出更大的响声。但是这也没有用。没有人理他。他嘶声叫着："珏。"又叫："放我进来！"然而两扇油漆脱落的木板门冷酷地遮住了房里的一切。它们拦住他，一点也不肯退让。它们甚至不让他救她，或者跟她见最后的一面。希望完全破灭了。

房里的女人开始哭起来。然而他还在门外叫："珏，我在喊你，你听得见吗？……"这不仅是哀号与狂叫，这还是生命的呼声，他把他的全量的爱都贯注在这里面，要把她从到另一世界的途中唤回来。他不仅在挽住别人的生命，他还是在挽住他自己的生命。他明白，没有了她，他的生存是怎么一回事情。

但是死来了。

里面有人走近门前，他以为张嫂来开门了。谁知却是接生婆抱着新生的婴儿在门缝里传出话来："恭喜大少爷，是一位公子。"她说完就转身走开了。觉新还听到她一面拍着婴儿，一面自言自语："可惜生下来就没有娘了。"

这句话刺痛了他的心，他没有一点做父亲时的喜悦。这个孩子似乎并不是他的爱儿，却是他的仇人，夺去了他的妻子的生命的仇人。

愤怒和悲哀混合在一起，紧紧地抓住了他。他更厉害地捶着门。然而两扇小门如今好像有了千斤的重量。

他本来下了决心要不顾一切地跑到里面去，跪倒在妻的床前，向她忏悔他这几年来的错误，哀求她的最后的宽恕，可是已经迟了。两扇木板门是多么脆弱的东西，如今居然变成了专制的

名师指津

拦住觉新的不是门也不是守门的那些人，而是制度，是封建礼教，是迷信。

名师指津

这里体现了觉新对瑞珏的爱，以及在最后一刻他抱着一线希望所做出的抗争与努力。这是对死神的抗争，也是对封建礼教的反抗。

名师指津

作者将两扇木门比喻成专制的君主，其实意在影射当时的黑暗社会和封建礼教。这是在封建礼教的束缚下发生的一场人间悲剧。

君主，它们拦住了最后的爱，不许他进去跟他所爱的人诀别，甚至不许他到她面前痛哭一场。

他突然明白了，这两扇小门并没有力量，真正夺去了他的妻子的还是另一种东西，是整个制度，整个礼教，整个迷信。这一切全压在他的肩上，把他压了这许多年，给他夺去了青春，夺去了幸福，夺去了前途，夺去了他所最爱的两个女人，他现在开始觉得这个担子太重了。他想把它摔掉。他在挣扎。然而同时他又明白他是不能够抵抗这一切的，他是一个无力的、懦弱的人。他绝望了。他突然跪倒在门前。他伤心地哭着。这个时候他不是在哭她，他是在哭自己。房里的哭声和他的哭声互相应和。但这是多么不同的两种声音！

觉新觉醒了，知道了真正阻碍他、束缚他的是什么，但是觉醒的只有他一个人，以他一个人卑微的力量无法与整个巨大的社会制度抗衡。不得不说这是一种深深的无奈。

两乘轿子在院子的门前停下来。进来的是他的继母周氏和一个女客。袁成气咻咻地跟在后面。

周氏一进门就听见哭声，她的脸色马上变了，惊惶地对那个女客说：“完了！”她们连忙走进中间的屋子去。

“明轩，你在做什么？”周氏看见觉新跪在那里便吃惊地叫起来。

觉新回过头一看，马上站起来，摊开两只手抽泣地对周氏说：“妈，珏，珏。”这时他才看见了那个女客，便用惭愧的悲痛的声音招呼她，给她行了礼，于是大声哭起来。从房里送出来一阵婴儿的啼声。

名师指津

这是封建迷信的做法，人已经去世，周氏依然强调“不能够进月房”，可见当时的封建礼教对人们的影响有多么深重。

女客不说话，她只顾用手帕揩眼睛。

房门已经开了，是袁成叫开的。周氏让女客进去，一面说：“亲家太太，请进去吧，我不能够进月房。”

女客答应一声便走进去了。接着房里又添了一种响亮的哭声：

"瑞珏，瑞珏，你就忍心这样去了？你不等看见妈一面吗？妈来了，妈从多远的路赶来照应你，妈有好多话要跟你讲。你有什么话，告诉我嘛……瑞珏，你要活转来！妈来晏了。你为什么连一天也不肯多等？……你死得好惨呀！我苦命的儿！看你一个人在这儿冷清清的。要是我早来一天，你也不会死得这样可怜。……我的儿，我苦命的儿呀！妈对不起你……"

周氏和觉新清清楚楚地听见了这些话，它们好像是许多根针，一针一针地刺在他们的心上。

◆ 艺术特色

巴金以简洁的文笔，传达着丰富的人文主义。当年，巴金从翻译屠格涅夫、托尔斯泰、赫尔岑的巨著开始，走上了文学创作之路，因此会受到他们写作风格的影响。关于《家》，巴金曾谈到，这本书是为了"我控诉"，控诉腐朽的封建家长制。

小说在人物形象刻画方面使用了典型化的方法，并写出了人物性格的复杂性和多层次性。

高老太爷作为高家的大家长，是旧家长制和礼教的典型代表。他不仅专横强制，而且冷漠无情。为了维护封建礼教，他不让孙子们走进学堂，禁止参加社会活动，包办婚姻，打压爱情，最终导致了觉新和瑞珏、梅的爱情悲剧。他不把仆人当人看，自作主张将 17 岁的鸣凤嫁给 60 多岁的冯乐山做妾，导致鸣凤投湖自尽。鸣凤的死，并没有唤醒他的良知，又将婉儿送给了冯家。

名师释疑

"我控诉"：语出法国文学家、社会活动家爱弥尔·左拉。《我控诉》是 19 世纪末左拉在《震旦报》上发表的一篇致总统的一封公开信，针对当时轰动一时的犹太人法国军官德雷福斯被诬陷向德国出卖军事机密的案件。巴金效法左拉；在《家》这部作品中表达了对封建旧家族毫不留情的批判和控诉。深切表达出"我要向一个垂死的制度叫出我的"'J,accuse（法语：我控诉）'""我所憎恨的并不是个人，而是制度"的批判精神。

在他的一生中，家庭的兴盛是他生活的全部重心。高老太爷是作品中“封建宗法制度”的具体化、形象化。因此，这一人物开篇便处于不容争辩的被否定的地位。作品写到老太爷为了觉民逃婚而大发雷霆时，有一段议论：“他只知道他的命令应该遵守，他的面子应该顾全。至于别人的幸福，他是不会顾到的。他只知道向觉新要人。他时常发脾气，骂了觉新，骂了克明；连周氏也挨了他的骂”。这段评论显然是把高老太爷作为一个批判的靶子进行抨击。通过这样的人物塑造，《家》完成了政治批判的目的。由于作者难以完全抛却与祖父的亲情，因而在某些地方流露出对这个人物复杂的感情色彩，比如年夜饭的微笑，临终前的忏悔，对觉民婚姻的最终成全等，既表现了他面对强大新生力量的幻灭感，没落感，也表现了亲情未泯的一面。使之在一定程度上呈现了矛盾性和立体性。

名师指津 巴金批判的不仅仅是旧的礼教，更是封建统治的核心——专制主义。他的目的在于唤醒青年人，启迪他们与封建旧家庭决裂，追求自己的人生幸福。

觉新是以巴金的大哥李尧枚为生活原型的一个人物，他的身上凝聚着作者对自己最亲爱的人的深切痛惜，对他的刻画涓滴无遗地流露出作者对这个人物的情感。因而从艺术角度而言，这个人物堪称是全书中最成功的人物——最真实的往往也是最动人的。觉新是一个新旧参半的人物，他虽接受了封建主义的正统思想，却也对封建家庭的腐败不满，他的性格上也具有两面性：在旧家庭中是个暮气沉沉的大少爷；在与觉慧、觉民等年轻人在一起时，又是一个渴望新生活的青年。由于他承受着太重的旧文化的因袭重担，在封建意识的压迫和自我思想矛盾的痛苦中，无力自拔。他在梅林里的憧憬，他在洞房外月下的独叹，他在面对梅前来避难时借酒抒怀，点点滴滴为我们呈现了一个有血有肉，懂风情，有学养，会思考，有灵气的觉新形象。而正是这样一个人

名师指津 但是在封建制度的压迫下和封建礼教的熏陶下，觉新渐渐失去了他的反抗精神。他真诚善良，也受过新式教育，在他的心里对是非善恶的判断是十分清晰的。只是在当时大的社会背景下，让他不敢有所作为。只是用“无抵抗主义”来面对一切。

物做出了许多令人难以理解的选择，使发生在他身上的悲剧更加耐人寻味。

在小说中，作者将浓重的笔墨放在了梅、鸣凤和瑞珏三人身上。梅天生忧郁，瑞珏贤惠大方，鸣凤刚柔并济。她们性格各异，分别代表着不同的社会阶层，命运却异常相似。作者对她们不幸遭遇的描写，谴责封建伦理道德对弱小、无辜、善良之人的残害，深化文章主旨。

名师指津

作品通过对这几位女子悲剧际遇的描写，进一步控诉了封建礼教以及封建道德对人们的迫害，强化了全书主旨。

小说还注重心理描写。如对初恋少女鸣凤的羞涩心态，惊喜之情及青春期好奇，都刻画得细致入微。在语言上，简洁自然，生动形象，奔放灵动。

《家》在语言上也同样体现着巴金作品的独特风格。在作品中，作者无论是写人，或是叙事，甚至剖析人物心理，都是带着浓郁的感情色彩。这使读者在领略人物命运时，一同体味到了作者的喜怒哀乐，使作品具有了格外感人的情感力量。

◆ 文学地位

《家》是巴金创作的“激流三部曲”中的第一部。作者在小说中揭露了封建势力的黑暗，歌颂了青年知识分子的觉醒和抗争。在对青年进行反封建的启蒙教育方面，“激流三部曲”，尤其是其中的《家》，起到了巨大的作用。从 1931 年问世至今，它一直以其特有的反封建的思想光辉和动人的艺术魅力吸引着广大读者，在中国现代文学史上占有着重要的地位。这部作品也奠定了巴金在中国文坛中的巨匠地位。

名师指津

“激流三部曲”包括《家》《春》《秋》，是巴金呼吁自由、民主、人性解放的主旨鲜明的一面旗帜。其中以《家》的艺术成就最高。

巴金的小说大多选择家庭题材，最重要的代表作都是典型的以家庭为背景，他不同阶段的小说赋予了家庭不同意义与内涵。

名师指津

揭露封建家庭的弊端是巴金作品里的一个思想主旨，他以封建家庭内部的罪恶和腐败为背景，讲述青年一代在“五四”新思潮影响之下的觉醒和斗争。

一方面充分体现了作家自身的人生经历与文学作品的高度融合，描写了作家个人与家庭的密切关系。另一方面，他的创作体现了文学作品与时代社会的高度融合，深刻揭示了家庭与整个社会的密切关系。他笔下的家庭虽然都很具体、很个性化，但是他给这些具体、个性的家庭赋予了时代社会的内涵，将家庭作为社会的一个细胞来解剖、描写。他的作品往往是通过一个个家庭的兴盛与衰亡，反映了个人与家庭、家庭与社会的关系，揭示了整个社会的本质特征和时代的发展趋势。

巴金被誉为中国当代文学的良心，他不仅是中国当代文学泰斗，同时也是一位具有世界声誉的作家，他的作品被译为20余种文字。巴金本人在国际上获得过许多荣誉，如1982年获意大利但丁国际奖，1983年获法国荣誉军团勋章。

巴金作为一个平凡的人，一个作家，将自己的情感融入作品中。塑造的人物形象各个经典，在现代文学史上，留下了浓墨重彩的一笔。他所宣扬和倡导的人道主义精神，成了漫漫长夜中，一盏明亮的灯，照亮人类前进的道路。

《子　夜》

名师指津

他也是“五四”新文化运动的先驱，是中国革命文艺的奠基人之一。

◆ 作者简介

茅盾(1896—1981)，原名沈德鸿，字雁冰，浙江嘉兴桐乡人。他是中国现代著名作家、文学评论家、文化活动家以及社会活动家。

1896年，茅盾出生于浙江桐乡县（今桐乡市）乌镇，上学前读过私塾。他的父亲是具有开明思想的维新派人士，因此茅盾后来得以进入嘉兴中学堂读书。茅盾从小就喜爱阅读古典小说，这些小说启迪了他的文思。

1914年，茅盾考入北京大学预科学习。预科毕业后，他到上海商务印书馆工作。20世纪20年代初，茅盾开始主持《小说月报》小说新潮栏的编务工作，并连续撰写《小说新潮宣言》《新旧文学平议之平议》等文艺论述文章，表露对于文学发展的基本见解，在新文化运动中崭露头角。后来，茅盾被委派接编并改革《小说月报》。1921年1月，他与郑振铎、叶圣陶等在北京成立了文学研究会。从这时起，茅盾主要从事新文学的倡导、评论和外国文学的评介工作。两年后，由于商务印书馆守旧派对《小说月报》的革新不满，茅盾辞去主编职务，转到国文部工作。

1927年8月底，茅盾因受到蒋介石通缉而在上海隐居。在此期间，他拿起小说家的笔，开始创作《幻灭》《动摇》《追求》《虹》等小说。1930年，茅盾加入“左联”，在中国共产党领导下倡导无产阶级革命文学，创作出了《子夜》《林家铺子》《春蚕》等作品，为当时的历史做了艺术性的真实记录。抗战期间，他辗转香港、延安、新疆、重庆等地，发表了《腐蚀》《霜叶红于二月花》《锻炼》等文学作品。

新中国成立后，茅盾长期担任文化部长，并一直致力于文化建设工作。之后，他先后担任政协委员、政协副主席、全国文联名誉主席、中国作家协会主席。期间，茅盾主要着重于文学批评和文学研究的工作，著作有《鼓吹集》《夜读偶记》《关于历史和历史剧》等。“文革”时期，茅盾遭到不正当待遇。晚年，他经

名师释疑

左联：全名为中国左翼作家联盟。是20世纪30年代中国共产党在上海创建的文学组织。其目的在于与国民党争取宣传阵地，并吸引广大民众支持其思想主张。左联的标志性人物是鲁迅。

受着疾病的苦痛，完成回忆录《我走过的道路》。1981 年 3 月 27 日，茅盾病逝于北京。

◆ 写作背景

茅盾是在大革命失败以后，开始由新文学的理论建设转向文学创作实践，尤其专注于中、长篇小说的创作。他已经形成的社会科学的思辨型文化人格，在这一创作实践中得到了充分的展示，并以一种特殊的思想深度、全貌式的文化图景，开创了“五四”以来文学创作“社会剖析派”的新范式。

> 名师释疑
>
> 社会剖析派：现代文学流派之一，是 20 世纪 30 至 40 年代出现的一个用科学的世界观剖析社会现实的小说流派，以茅盾为主要代表人物。

1930 年春末夏初，中国发生了几件大事。一是国民党内部的斗争。李宗仁、冯玉祥、阎锡山为一方，蒋介石为另一方，在河南、山东、安徽等省，爆发了一场新军阀混战，即“中原大战”。这场内战规模之大，程度之激烈，可以说是创造了国民党内战的纪录。中国大地上生灵涂炭，工商业也受到重创。二是欧洲经济恐慌影响到当时中国的民族工业，一些以外销为主要业务的轻工业受到严重打击，濒于破产。三是中国的民族资产阶级为挽救自己，加强了对工人的剥削。他们增加工作时间，降低工资，大批开除工人。这引起了工人的激烈反抗，罢工浪潮一时高涨。四是处于三座大山残酷压迫下的农民在共产党领导下武装起义，势已燎原。

不久，国内展开了对中国社会性质的论战。参加论战者提出了三个论点：革命派认为中国社会依然是半封建半殖民地的性质，推翻国民党政权是当前的革命任务；工人、农民是革命的主力；革命领导权必须掌握在共产党手中。托派认为中国已经走上资本主义道路，反帝、反封建的任务应由中国资产阶级来担任。而一些进步的资产阶级学者则认为中国的民族资产阶级可以在既反对共产党所领导的民族、民主革命运动，也反对官僚买办资产阶级的夹缝中取得生存与发展，从而建立欧美式的资产阶级政权。在《子夜》中，茅盾通过吴荪甫等商人最终沦为买办资本家的情节，反驳了后两派的观点，表明了自己支持革命的思想倾向。

茅盾曾明确指出小说要表现出三个方面的情势："一、民族工业在帝国主义经济侵略的压迫下，在世界经济恐慌的影响下，在农村破产的环境下，为了自保，使用更加残酷的手段加紧对工人阶级的剥削；二、因此引起工人阶级的经济和政治的斗争；三、当时南北大战，农村经济破产以及农民暴动又加深了民族工业的恐慌。"《子夜》形象地呈现了这一社会分析的意图。茅盾准确把握了社会各阶层不同人物在时代动荡面前的丰富而复杂的心理和命运，成功地将"五四"以来的现实主义的创作提高到一个新的历史水平，将现代长篇小说样式推向了成熟。

瞿秋白曾说"这是中国第一部写实主义的长篇小说"，作者能够"应用真正的社会科学，在文艺上表现中国的社会关系和阶级关系"。

名师指津

《子夜》的主旨是：以吴荪甫为代表的民族资产阶级所创立的"企业王国"最终失败，中国最终没有走上资本主义道路，能够领导中国的只有无产阶级的工农群众，只有这些工农群众发起革命才能够实现。

◆ 内容概述

《子夜》是茅盾的长篇小说代表作，以 20 世纪 30 年代初期为背景。题名"子夜"暗示作品记述的内容发生在中国历史上最黑暗的年代。全书共 19 章，以 30 年代初的半殖民地城市上海为背景。小说围绕着民族资本家吴荪甫与买办赵伯韬之间的尖锐矛盾，全方位、多角度地描绘了 30 年代初中国社会的广阔画面：工人罢工，农民暴动，反动当局镇压和破坏人民的革命运动，帝国主义掮客的活动，中小民族工业被吞并，公债场上

名师释疑

掮客(qián kè)：指替人介绍买卖，从中赚取佣金的人。

惊心动魄的斗法，各色地主的行径，资本家家庭内部的各种矛盾……通过这些多姿多彩的生活画面，艺术地再现了第二个国家革命战争时期的城市风云，也间接反映了当时革命深入发展，星火燎原的中国社会风貌。

20世纪30年代，在生产落后、战乱频发的中国大地上，出现了一座繁华的“不夜城”——上海。小说的主人公吴荪甫，正是一个在这座“不夜城”中开丝厂的民族资本家。

写五老太爷受刺激猝死，其实是对封建制度和礼教的讽刺和抨击。

为躲避战乱，吴荪甫的父亲吴老太爷来到上海。由于没见过扑朔迷离的都市景观，吴老太爷受到刺激导致猝死。

吴家办丧事时，上海滩的许多有钱人都来吊唁。赵伯韬是一个善于投机的买办资本家。他在丧礼上找到吴荪甫和他的姐夫杜竹斋，拉拢两人联合资金结成公债大户“多头”，目的是在股票交易中贱买贵卖，从中牟取暴利。杜竹斋一开始心存犹疑，赵伯韬立即向他透露了其中的奥秘。吴、杜最终决定跟着赵伯韬干一次。三人的这次合作虽小有波澜，但最终以成功告终。

公债投机的混乱现象,阻碍了工业的发展。实业界的孙吉人、王和甫推举吴荪甫办银行，做自己的金融流通机关。他们还希望将来能用大部分资本来经营交通、矿山等工业项目。吴荪甫是个雄心勃勃，且富有冒险精神的人，因此他与两人一拍即合。益中信托公司很快成立起来。

这里体现了他们既有榨取工农血汗、仇视工农运动的一面，又有抵抗帝国主义，发展民族工业的一面。这是民族资产阶级的两面性造成的。

这时，吴荪甫的家乡双桥镇发生变故，农民运动使他在家乡的企业蒙受损失。工厂里的罢工浪潮也此起彼伏，让他整日坐立不安。青年职员屠维岳是个有胆量、有心计的人。他被吴荪甫看中，被派去应付工潮。屠维岳很快收买了领头女工姚金凤，瓦解了工人组织。一个女工把这件事捅了出去，姚金凤受到工人们的排挤，被视为资本家的走狗。工潮复起后，屠维岳给吴荪甫出主意，让他假装开除姚金凤，并提拔那个把事情捅出去的女工。事情果然像两人预料的那样发展，姚金凤威信恢复，工人反而不肯接受对她的处置。紧接着吴荪甫假装对工人做出妥协，不开除姚金凤，并给女工们放假一天。工潮就这样被平息了。

交易所的斗争也日益激烈。吴荪甫与赵伯韬的关系从联合转为对抗。益中信托公司，成为吴荪甫与赵伯韬相抗衡的力量。作为“多头”的赵伯韬与作为“空头”的益中公司的角斗开始了。赵伯韬早就盯上了吴荪甫这块肥肉，想趁吴资金短缺时吞掉他的产业。经过几个回合的较量，益中公司亏损 8 万元。吴荪甫的资金日益吃紧，只好靠盘剥工人、克扣工钱自保。新一轮的罢工开始了，屠维岳分化瓦解工人组织的伎俩被识破，吴荪甫陷入内外交迫的困境。

赵伯韬欲做信托公司最大股东。在绝境中，吴把自己的丝厂和公馆都抵押出去作公债，决心背水一战。他终于明白在中国发展民族工业是何等困难。

赵伯韬操纵交易所的管理机构为难卖空方吴荪甫，情势十分危急。几乎绝望的吴荪甫把希望寄托在杜竹斋身上，在千钧一发之际，杜竹斋竟然倒戈投靠了赵伯韬。吴荪甫一败涂地，甚至差点开枪自杀。最后，吴荪甫与妻子在子夜的钟声里坐上轮船，去庐山避暑。他凝望着漆黑的长空，回顾和思索自己的命运。

名师释疑

一败涂地：形容失败得不可收拾。

◆ 经典选读

吴赵密谈（节选）

于是吴荪甫一个人去会老赵；在墙角的一张小圆桌旁边和赵伯韬对面坐定了后，努力装出镇静的微笑来。自从前次“合作”以后，一个多月来，这两个人虽然在应酬场中见过好多趟，都不过随便敷衍几句，现在他们又要面对面开始密谈了。赵伯韬依然是那种很爽快的兴高采烈的态度，说话不兜圈子，劈头就从已往的各种纠纷上表示了他自己的优越：

“荪甫，我们现在应得说几句开诚布公的话。我们的旧账可以一笔勾销！可是，有几件事，我不能不先对你声明一下：第一，银团托拉斯，我是有分的，我们有一个完整的计划；可是我们一不拒绝人家来合作，二不肯见食就吞；我们并没想过要用全力来对付你，我们并不注意缫丝工业；荪甫，那是你自己太多心！——”

吴荪甫笑了一笑，耸耸肩膀。赵伯韬却不笑，眼睛炯炯放光。他把雪茄猛吸一口，再说道：

“你不相信么？那也由你。老实说，朱吟秋押款那回事，我不过同你开玩笑，并不是存心捣你的蛋。要是你吃定我有什么了不起的计策，也不要紧，也许我做了你就也有那样的看法，我们再谈第二桩事情罢。你们疑心我到处用手段，破坏益中；哈哈，我用过一点手段，只不过一点，并未‘到处’用手段。你们猜度是我在幕后指挥‘经济封锁’，哎，荪甫！我未尝不能这么干，可是我不肯！自家人拚性命，何苦！”

“哈哈，伯韬！看来全是我们自己太多心了！我们误会了

名师释疑

开诚布公：诚意待人，坦白无私。

托拉斯：是资本主义为了获取高额利润，通过生产企业间的收购、合并以及托管等形式，由一家公司兼并、包容、控股大量同行业企业来达到企业一体化目的的垄断形式。

拚（pàn）：舍弃不顾。拚命，拼命。

你？是不是？”

吴荪甫狂笑着说，挺一下眉毛。赵伯韬依旧很严肃，立即郑重地回答道：

“不然！我这番话并非要声明我们过去的一切都是误会！我是要请你心里明白：你我中间，并没有什么不可解的冤仇，也不是完全走的两条路，也不是有了你就会没有我，——益中即使发达起来，光景也不能容容易易就损害到我，所以我犯不着用出全副力量来对付你们！实在也没有用过！”

这简直是胜利者自负不凡的口吻了。吴荪甫再也耐不住，就尖利地回问道：

“伯韬！你找我来，难道就为了这几句话么？”

“不错，一半是为了这几句。算了，荪甫，旧账我们就不提，——本来我还有一桩事想带便和你说开，现在你既然听得不耐烦了，我们就不谈了罢。我是个爽快的脾气，说话不兜圈子，现在请你来，就想看看我们到底还能不能大家合作——”

“哦，可是，伯韬，还有一桩事要跟我说开么？我倒先要听听。”

吴荪甫拦住了赵伯韬，故意微笑地表示镇定，然而他的心却异常怔忡不宁；他蓦地想起了从前和老赵开始斗争的时候，杜竹斋曾经企图从中调停，——“总得先打一个胜仗，然后开谈判，庶几不为老赵所挟制”：那时他是根据着这样的策略拒绝了杜竹斋的，真不料现在竟弄成主客易位，反使老赵以胜利者的资格提议“合作”，人事无常，一至于此，吴荪甫简直不能相信自己的耳朵。

赵伯韬也微微一笑，似乎已经看透了吴荪甫的心情。他很爽

名师指津

这里体现了赵伯韬的胸有成竹，所以他在说话时是底气十足的，他将其中的利害关系全部摆在吴荪甫的面前，其目的就是想要两人合作。

名师指津

这里运用了心理描写，是吴荪甫内心不安的表现。他的强装镇定也是为了给自己壮士气。

利地说道：

“这第三桩事情倒确是误会。你们总以为竹斋被我拉了走，实在说，我并没拉竹斋，而我这边的韩孟翔却真真被你们钓了去了！荪甫，这件事，我很佩服你们的手腕灵敏！”

“狂笑掩饰”和“故意探问”等词说明吴荪甫非常紧张、担心，也体现了他谨慎小心的性格和能够随机应变的能力。

吴荪甫听着，把不住心头一跳，脸色也有点变了；赶快一阵狂笑掩饰了过去，他就故意探问道：

“你只晓得一个韩孟翔么？我还收买得比韩孟翔更要紧的人呢！”

“也许还有个把女的！可是不相干。你肯收买女的，我当真感谢得很！女人太多了，我对付不开；嗨嗨！”

现在是赵伯韬勉强笑着掩饰他的真正心情了。这也瞒不过吴荪甫的眼睛，于是吴荪甫也感到若干胜利的意味；他到底又渐渐恢复了他的自信力，他摆脱了失败的情绪，振起精神来，转取攻势。他劈头就把谈话转入那“合作”问题……

◆ 艺术特色

通过这部小说，我们可以清晰地看到我国近代革命史复杂的斗争。流露出了作者本人对当时中国社会性质的理性认识：只有无产阶级才能救中国。

《子夜》是茅盾创作的优秀社会分析小说。它通过对民族资本家吴荪甫等人的刻画，展示了30年代初期，中国社会的广阔画卷。小说史诗性地再现了中国民族企业，在帝国主义、买办资产阶级、统治阶级重压下的悲剧命运。

在结构上，全书共19章，前两章交代人物，提示线索，此后17章，一环紧扣一环，场面宏大，头绪繁多而有条不紊，各有描写重点而又共同服从于全书的中心。贯穿全书的主线是吴荪甫和赵伯韬之间的矛盾和斗争，以此带动其他几条线索的展开，使之融合为一个有机的整体。整个作品的情节发展十分紧凑，时间跨度小，人物众多，经纬交汇地建成了《子夜》这部作品的“网状结构”，使小说呈现出宏大严谨的艺术结构。

除此之外，《子夜》还成功塑造了众多人物形象。《子夜》中的人物分为若干类型，有资本家、知识分子、农民等，而在资本家中又分为买办资本家、民族资本家和小资本家等，作者分别赋予他们不同的社会背景和性格特征。茅盾善于在广阔的社会背景、复杂的人物关系、尖锐的矛盾冲突中刻画人物性格。

名师指津

茅盾塑造人物不仅仅是人物的性格、思想和命运等方面，他还注重人物所代表的时代特色。因此，他笔下的人物都具有社会的意识形态性。

吴荪甫是《子夜》这部小说中塑造得最成功的艺术典型。他是生活在旧中国的民族资本家，有精明能干、雄心勃勃的一面，也有刚愎自用、贪婪残暴的一面。吴荪甫有相当雄厚的经济实力，再加上他善于耍弄手腕，因此在一般民族资本家中是个十分突出的人物。

作为一个民族资本家，吴荪甫的理想是摆脱帝国主义的束缚，发展民族工业，最终实现资本主义。因此，作者在描写吴荪甫与买办资本家赵伯韬斗法时，展现出他果敢自信、沉着干练的性格。但他最终还是无法以自己薄弱的力量，抗拒历史的必然法则。在公司的连连失败之下，吴荪甫的悲观情绪就暴露出来，开始动摇。在与赵伯韬斗法惨败后，他的悲剧命运达到高潮，几乎用自杀来摆脱失败后的痛苦。吴荪甫的性格充分显示出民族资产阶级的两重性：他一方面自信、有抱负、有手腕；另一方面却软弱、空虚。一方面对帝国主义、买办资产阶级、封建官僚不满；另一方面又敌视工农。这种两重性让吴荪甫处在微妙的夹缝之中，决定了他的悲剧命运。

茅盾在刻画人物心理方面，也表现得游刃有余。他既善于用

名师释疑

游刃(rèn)有余：厨师把整个牛分割成块，技术熟练，刀子在牛的骨头缝里自由移动着，没有一点儿阻碍（出自《庄子·养生主》）。形容做事熟练轻而易举。

语言、行动表现一个人物的心理状态，又善于对人物进行心理分析，同时还善于用环境气氛烘托人物心情。他让吴荪甫在几条战线上同时作战，让他不断处在胜利和失败的起伏波澜里，时而兴奋，时而忧虑，时而指挥若定，时而焦躁不安。吴荪甫的心理状态就这样纤毫毕露地展现在读者面前。在小说中，通过自然景物来渲染气氛、衬托人物心理的描写也很多。茅盾从不为写景而写景，有时是因情取景，有时是借景写情。

在语言上，《子夜》有简洁、细腻、生动的特点。茅盾的语言不过度欧化，偶尔运用古语，也是恰到好处。在他笔下，各个人物的语言特点也十分鲜明，可以表现出人物的个性、气质。如吴荪甫专横尖刻、赵伯韬老辣狡诈、范博文则消极颓废。

在这些人物身上都有着浓厚的时代气息和独特的自我个性，他们既是时代的代表，也是阶级和思想的代表。这些鲜活生动的艺术形象构成了一个完整的艺术世界。

毋庸置疑，《子夜》的艺术成就是多方面的，它既是茅盾创作道路上的一块里程碑，也是现代文学史上一部空前的优秀长篇著作。

◆ 文学地位

《子夜》出版于 1933 年 6 月。初版印行之时即引起强烈反响，震动了中国文坛。瞿秋白把这一年称为“子夜年”，可见它的影响之大。瞿秋白曾撰文评论说：“这是中国第一部写实主义的成功的长篇小说。”“1933 年在将来的文学史上，没有疑问的要记录《子夜》的出版。”

名师指津

20 世纪 30 年代后，由于深受茅盾这种现实主义小说的影响，现实主义小说逐步成为主流，并在五六十年代达到高峰。

《子夜》运用革命现实主义的创作方法，历史地、具体地、深刻地反映了 20 世纪 20 年代到 30 年代初期旧中国广阔的社会生活图景，成功地塑造出民族资产阶级的典型形象。《子夜》的问世，为中国无产阶级革命文学在长篇创作方面的发展开辟了道路，同时也表明了作者的创作已进入了成熟时期。这部作品表现了20世纪30年代初期中国社会各阶级的矛盾与斗争，提出并回答了当年最重要的社会问题。茅盾将个人的、感性的历史经验编织在对具体人物的塑造中。

《子夜》的出版，显示了左翼文学运动的实绩，这是“五四运动”以来新文学发展历程中的里程碑。《子夜》反映了当时广阔的社会生活图景，提高了中国现实主义文学的思想艺术水平，具有开拓方向的历史意义。在中国现代文学史上，它同《阿Q正传》一起放射出灿烂的光辉，为中国革命事业建立了不可磨灭的历史功绩。

《子夜》不仅在中国拥有广泛的读者，且被译成英、德、俄、日等十几种文字，传播到世界各地，产生了广泛的国际影响。日本著名文学研究家筱田一士在推荐10部20世纪世界文学巨著时，便选择了《子夜》。他认为这是一部可以与《追忆逝水年华》《百年孤独》媲美的文学杰作。

名师释疑

左翼文学运动：是在“五四”文学革命之后的一场最重要的文学运动。它的文学理论有着很强的主导性影响，在新文学界有很重要的地位。

名师赏析

我国的文化博大精深，自2500多年前的春秋时代起，思想家、文学家等杰出的人才就层出不穷。他们用自己独特的思维、灵巧的笔调为后世铸就了一部又一部经典名作。这些作品文字优美、结构凝练，表达了作者的希望和寄托，有的则是揭露和批判。《西厢记》就是作者王实甫通过描写崔莺莺和张生曲折感人的爱情故事，表达了自己反对封建礼教和封建婚姻制度，追求美好爱情的思想感情。而《家》这部作品是巴金对腐朽的封建家长制的控诉。《子夜》则反映了中国民族企业，在帝国主义、买办资产阶级、统治阶级重压下的悲剧命运。这些优秀作品都是我国文学史上的经典，值得我们细细品读。

学习借鉴

好词

秋毫之末　一鼓作气　表里山河　昏昏沉沉　凄凄惶惶

惊心动魄　雄心勃勃　坐立不安　刚愎自用　游刃有余

好句

* 子曰：“人无远虑，必有近忧。”

* 然后知生于忧患而死于安乐也。

* 井蛙不可以语于海者，拘于虚也；夏虫不可以语于冰者，笃于时也；曲士不可以语于道者，束于教也。

* 两弯似蹙非蹙罥烟眉，一双似泣非泣含露目。

* 她爱生活，她爱一切，可是生活的门面面地关住了她，只给她留下那一条堕落的路。

思考与练习

1.“四书五经”都包括哪些内容?

2.孟子的主张是什么?如何理解“民贵君轻”?

3.鲁迅先生是如何评价史记的?

4.关羽在镇国寺是如何脱险，并杀掉卞喜的?

5.《家》反映了作者什么样的思想主张?

外国卷

名师导读

本卷选编了各个历史时期外国文学史上最具代表性的经典作品进行导读、点评，使读者通过对众多外国著名作家的作品的阅读和欣赏，把握一个时期外国文学发展的基本风貌，从而提高审美鉴赏水平，培养人文情怀。

《浮士德》

名师指津

歌德的母亲温柔亲切，时常引导他学习。在他成年之后，母亲也经常阅读他的作品，并给予一定的指导。这在一定程度上提高了他的写作能力。

◆ 作者简介

约翰·沃尔夫冈·冯·歌德（1749—1832），是18世纪后半期至19世纪初期，德国伟大的诗人、剧作家和思想家。他生于莱茵河畔法兰克福市的一个富裕家庭。父亲是法学博士，当过法兰克福市议员，母亲是市长的女儿。1771年，大学毕业后，歌德一边从事律师工作，一边进行文学创作。1775 年，歌德应魏玛公爵的邀请，前往魏玛，次年被任命为枢密参事。

任职一段时间后，歌德感到乏味无趣，开始讨厌宫廷生活。于是，他隐姓埋名，偷偷前往意大利。在那里，他领略到了意大利的风光明媚、风景秀丽，也欣赏到了希腊罗马的古典文艺，并沉醉其中。1786 年，散文稿《伊菲革涅亚在陶里斯》被他改编成诗体。1788,《埃格蒙特》也创作成型。1794 年 7 月，歌德认识了席勒。两人在不同的个性和观点的基础上，互相弥补，共同进步。他们共同撰写了《讽刺短诗》及一些叙事谣曲。在这一时期，即魏玛古典主义时期，他也单独完成了小说《威廉·麦斯特的学习时代》、长篇叙事诗《赫尔曼和窦绿苔》和《浮士德》第一部，这些书体现了一定的哲理性，表达了浮士德的某些文艺观点。

名师指津

18 世纪末 19 世纪初，德国文学达到巅峰，史称“魏玛古典主义时期”。

1805 年 5 月 9 日，席勒去世，歌德深受打击，沉浸在悲伤中，无心创作。过了一段时间，他不再悲伤，写了《十四行诗》和长篇小说《亲和力》。

歌德一生写过许多作品，除了以上介绍的，还有代表作《少年维特之烦恼》、歌剧《普罗米修斯》(未完成)、游记《意大利游记》等。恩格斯称赞他是“最伟大的德国人”,是文学界的“奥林匹斯山上的宙斯”。

◆ 写作背景

歌德用了近 60 年的时间，才将《浮士德》完成。1808 年，完成了它的第一部。1831 年 8 月 31 日，第二部也大功告成。当时，浮士德已经 83 岁。《浮士德》是一部诗剧，富有浪漫主义色彩，具有现实意义。它根据德国民间传说，将故事情节置身于文艺复兴以来的德国和欧洲社会下，以新兴资产阶级中的先进知识分子为主体。表达了新兴资产阶级对当代现实的不满，想要寻找人生价值，向往理想社会。

名师释疑

狂飙运动：是1760年末到1780年初在德国文学和音乐创作领域的变革。是文学从古典主义到浪漫主义的过渡。其代表人物是歌德和席勒。

歌德是德国狂飙运动的主要领导。他从自己的理想出发，赋予了笔下人物浮士德奋发向上、探索真理的个性。浮士德的一生经历了五种生活：书斋生活、爱情生活、政治生活、追求古典美和建功立业。每一种生活都有现实依据，象征着文艺复兴到19世纪初期，德国及欧洲资产阶级所追求的精神世界。

在作品中，浮士德有一定的象征意义。作者将新兴资产阶级中的知识分子上升到了全人类的高度，将浮士德变成全人类的化身。浮士德经历了黑暗的书斋生活后，勇敢地走进大自然，体味现实生活，这是资产阶级的奋进体现。当时资产阶级经历了从文艺复兴、宗教改革，到“狂飙突进”运动的思想探索，逐渐具备了反对宗教神学、抨击社会现实的反封建精神。浮士德爱情生活的悲剧，是在强烈抨击个人狭隘主义和利己享乐主义。他的政治生活代表着启蒙时期开明君主的政治理想。他的失败，宣告这些理想只是空想罢了。追求古典美的悲剧式结局，证明古典美不可能扭转现代人的审美观念，人道主义理想终将走上末路。经历了种种失败之后，浮士德决定建功立业，改造自然。在这里，18世纪启蒙主义者的“理性王国”又体现其中，19世纪的空想社会主义者在蠢蠢欲动。

近代的欧洲社会，追求古典美的思潮流行，在经历了中世纪的黑暗和文艺复兴运动之后，人们都开始向往古希腊那种重视享乐的精神生活。

◆ 内容概述

《浮士德》有12111行诗。故事以魔鬼梅菲斯特与上帝的赌注开始。当时，魔鬼认为人类的永不知足将使其最终堕落。上帝

不同意，认为在追求真理的过程中，人类犯错是无法避免的，但最终都能成功。于是，魔鬼来到凡间，打算考验浮士德。

浮士德是个50多岁的老学者，终身致力于读书和研究中，希望找到自然奥秘。现在年过半百，读了大半辈子书，才发现读书无用，反而让自己深陷黑暗的书斋，无法自拔。他非常痛苦，想要结束自己的生命，去到另一个虚幻的世界中。复活节到了，钟声唤醒了他的求生欲。他来到郊外，看到生机勃勃的大自然，和自由自在、沉浸在快乐生活中的人类，他振奋起来。他带着卷毛犬，又返回到书斋中，翻译《圣经》，思想有了转变。突然，卷毛犬从圣经中幻化出来，站在浮士德面前，说自己是“作恶造善的力之一体”。其实，这是魔鬼梅菲斯特变化而来。浮士德和魔鬼立下约定：魔鬼同意做仆人，引领他前往新的生活。只要他心满意足，灵魂就要奉献给魔鬼。

名师指津

浮士德是从中世纪书斋中走出来的人物，因此他的身上留有明显的旧的痕迹。而且他的性格十分矛盾：他既向往崇高的境界，又无法舍弃眼前的欲望，那些渺小、庸俗的气息在他的身上体现得淋漓尽致。

在魔鬼的带领下，浮士德到了魔女厨房。他喝了魔汤，成了英俊少年，有了七情六欲。他们到了一个小镇，浮士德爱上了平民少女玛甘泪，玛甘泪对浮士德也有好感。为了能和浮士德顺利约会，她失手将母亲害死，哥哥也命丧浮士德剑下。面对舆论的压力，玛甘泪将亲生孩子溺死，被判死刑，而浮士德则沉浸在与魔女的幽会中。当他得知后，慌忙赶到刑场搭救，却为时已晚。玛甘泪的精神出现了问题，宁愿死去，也不愿跟着浮士德逃跑。浮士德非常懊悔，离开了刑场。上帝将这一切看在眼里，原谅了玛甘泪。

名师指津

二人的爱情悲剧是作者对追求个人享乐和个人幸福的利己哲学的反思和批判。

浮士德从刑场离开后，来到了美丽的大自然，慰藉受伤的心。接着，又跟着魔鬼去了罗马皇宫。当时的罗马帝国，上层阶级荒淫无度，腐败不堪。百姓流离失所，饥寒交迫。浮士德取得了皇帝的信任，实施货币改革，大量发行纸币。皇帝又让浮士德把美女海伦从古希腊带来，供他娱乐。魔鬼施用魔法将海伦公主和帕里斯王子的影子，变了出来。浮士德看到海伦后，立马爱上了她。对帕里斯的拥抱，心生嫉妒。他用手中的魔钥去戳幻影，他们都消失不见了。浮士德也昏倒了，魔鬼驮着他，跑出了皇宫。

名师指津 这里体现了启蒙主义时期开明君主的政治理想虚幻而没有可实践性。因此政治黑暗是必然。

浮士德见识到了政治的黑暗，非常失望。他不再追求政治理想，转而寻求静谧的古典美。魔鬼带着他回到了书斋中，他的学生瓦格纳变出了小人何蒙古鲁士。何蒙古鲁士带着浮士德，到古希腊寻找心仪的海伦。然后，他和海伦结婚，育有一子，叫欧福良。欧福良喜欢自由自在地在高空飞行，当有战斗的呼喊声从远方传来，他便飞到空中。结果从空中坠落，掉在了父母脚下。海伦非常伤心，朝着高空飞去。不管浮士德怎么挽留，都无济于事，只留下了白色长袍和面纱。它们变成了天上的云，托着浮士德飞回了德国。就这样，浮士德追求古典美的理想，也化为泡影。

名师指津 浮士德与海伦的不幸结局，体现了打着古典美的旗号对现代人进行教化的人道主义者们的理想的破灭。

浮士德飞行途中，看到了广袤的大海，产生了战胜大海的雄心壮志。在魔鬼的帮助下，他镇压了叛乱。皇帝为了感谢他，赐他一块封地，靠近海边。浮士德下令，让百姓填海，使其变成田地。这时，浮士德已经是100岁高龄，双眼失明。在魔鬼的命令下，死去的灵魂为浮士德挖了坟墓。当浮士德的耳边传来铁锹声时，他以为是百姓在挖土填海。不禁赞道："美啊，请你停留一下！"

按照之前和魔鬼订立的契约，浮士德离开了人世，灵魂被魔鬼带走。突然，天上下起了玫瑰雨，很快又变成了火焰，将魔鬼赶走。天使出现了，把浮士德带到天上，他看到了圣母和玛甘泪。

◆ 经典选读

夜（节选）

哥特式的狭隘居室，穹窿屋顶，浮士德不安地坐在书案旁的靠椅上。

浮士德

唉！我到而今已把哲学，
医学和法律，
可惜还有神学，
都彻底地发奋攻读。
到头来还是个可怜的愚人！
不见得比从前聪明进步；
夸称什么硕士，更叫什么博士，
差不多已经有了十年，
我牵着学生们的鼻子
横冲直闯地团团转——
其实看来，我并不知道什么事情！
这简直叫我心内如焚，
我虽然比一切纨绔子弟，
博士、硕士、文人和僧侣较为聪敏；
没有犹豫和疑惑使我苦闷，
我对地狱和魔鬼也不心惊——
然而因此我的一切欢愉都被剥夺干净，
别妄想有什么真知灼见，

名师释疑

哥特式：一种源于欧洲法国的建筑艺术风格，以黑暗、恐怖和绝望为主题，一般以骷髅、城堡、玫瑰、十字架等为创作元素。它的风格逐渐趋于大众化，直到十五世纪，因为文艺复兴时代的来临，才迅速衰落。

名师指津

这是浮士德对自己力量的自信，他不怕魔鬼，反而利用了魔鬼的力量。就像契约中所说，魔鬼只是他的仆人。

别妄想有什么可以教人，
使人们幡然改邪归正。
我既无财产和金钱，
又无尘世盛名和威权；
就是狗也不愿意这样苟延残喘！
所以我才把魔术钻研，
看是不是通过神力和神口，
将一些神秘揭穿；
使我不用再流酸汗，
把自己不知道的东西对人瞎谈；
使我对于统一宇宙的核心
有所分辨
使我能观察一切活力和种原，
不再凭口舌卖弄虚玄。
哦，团圆的月光，
但愿你瞧见我的痛苦是最后一遍，
我多少次中宵不寐，
坐候你在这书案前。
幽郁的朋友，
然后我见你照临着断简残篇！
唉！我但愿能在你的清辉中
漫步山巅，
伴着精灵在山隈飞舞，
凭藉幽光在草地上盘旋。

名师指津

这段话说明浮士德对虚无的书斋生活和虚幻幸福的抱怨和不满，他渴望在现实社会中奋斗，用自己的努力创造更美好的世界。

名师指津

体现了作者实事求是的精神，不故作聪明，不懂装懂。

名师释疑

种原：德语Samen，可译作种原或种子，原为中世纪炼金术语。后为16世纪和17世纪神秘的自然哲学所采用，这与现代科学的概念和辨证的认识是不同的。

涤除一切知识的浊雾浓烟，
沐浴在你的清露中而身心康健！
唉！我还要在这监牢里坐待？
可咒诅的幽暗墙穴，
连可爱的天光透过有色玻璃
也暗无光彩！
更有这重重叠叠的书堆，
尘封虫蠹已败坏，
一直高齐到屋顶，
用烟熏的旧纸遮盖；
周围瓶罐满排，
充斥着器械，
还有祖传的家具堵塞内外——

这便是你的世界！这也算是一个世界！
你还要问，为什么你的心
在胸中忧闷无比？
为什么一种无名的苦痛
窒息你一切生机？
上天创造生动的自然，
原是让人在其中栖息，
你反舍此就彼，
而甘受烟熏霉腐与人骸兽骨寸步不离。

起来！快逃吧！逃往辽阔的境地！

名师指津

这里体现了浮士德身体虽被书斋生活所困，内心却向往着外面的世界，作者用“有色玻璃”形象地刻画他当时的心情。

名师释疑

虫蠹(chóng dù)：即蛀虫。

难道这种神秘的书籍，
诺斯塔大牟士的亲笔，
还不够作你的伴侣?
认识星辰的运行，
接受自然的启示，
那时你心灵的力量豁然贯通，
好比精灵与精灵对语。
凭这枯燥的官能，
解不透神圣的符记!
飘浮在我身旁的精灵哟，
回答吧，如果你们已把我的话儿听取!

揭开书卷，看到大宇宙的符记。

哈哈！这一瞬间欢愉涌来，
使我茅塞顿开!
我感到年轻而神圣的生命幸福
重新流遍我的五官百骸。
写这灵符的莫不是位神灵?
它镇定了我内心的沸腾，
用快乐充沛了我可怜的方寸，
又凭着神秘的本能，
使我周围的自然力量显呈。
我莫非是神? 我的心境如此光明!
我从清晰的笔划中间，
看见活动不息的大自然展示在我心灵之前。

名师释疑

官能：机体器官的功能，例如视觉是眼睛的官能。

茅塞顿开：原来心里好像有茅草堵塞着，现在忽然被打开了。形容忽然理解领会。也说顿开茅塞。

现在我才领悟出先哲的名言：

“灵界并未关闭；

只是你的官能阻塞，心灵已死！

后生们，快快奋起，

不倦地在旭光中将尘怀荡涤！”

观察符记

万物交织一体浑同，

此物活动和生活在彼物当中！

天力上升下降，

互相传送金桶！

将锡福芬香之翼鼓动，

从天上直透地下，

万籁和鸣响彻太空！

洋洋大观！唉！不过是一场幻景！

我从何处把握你，无限的自然？

从何处得你哺乳？你一切生命之源，

天地之根，

我焦渴的胸怀所追奔——

你澎涌，你浸润，而我的渴慕竟自枉然？

愤然改翻篇页，目视地灵的符。

这道符箓给我以多么不同的感应！

地灵啊，你对我更觉亲近；

我已觉得力量大增，

名师指津

这句感叹也可说明，浮士德自杀并不是由于绝望，或者自我怀疑之类的原因，而是由于他还有太多的欲望和追求，而时间却剩下不多。

名师指津

这是浮士德听到教堂钟声的喜悦与激动之情。这钟声勾起了他对过去的回忆，使他打消了自杀的念头。

仿佛饮新酒而振奋。

我有勇气到世界上去闯荡，

把人间的苦乐一概承当。

不怕和风暴搏斗，

便是破釜沉舟也不慌张。

有云层簇起头上——

月光已经隐藏——

室内熄灭了灯光——

烟雾喷涌！

红光围绕头顶掣动——

从穹隆的屋顶，

刮来透体的寒风！

至诚召请的神灵，我觉得你在我周围飞行，

请你显圣！

哈！我的心竟这般震荡不宁！

这种新的感觉

把我的一切官能都已搅昏！

我全心全意向你输诚！

急急现形！哪怕牺牲我的性命！

名师释疑

破釜沉舟：项羽跟秦兵打仗，过河后把锅都打破，船都弄沉，表示不再回来（出自《史记·项羽本纪》）。比喻下定决心，不顾一切干到底。

输诚：①献纳诚心，表示诚意。②归顺；降服。

握卷神秘地念出地灵符咒，淡红光焰

一闪，地灵在火焰中出现。

（节选自《浮士德》，董问樵译，复旦大学出版社，2001 年 12 月第 2 版）

◆ 艺术特色

《浮士德》在艺术上取得了很高的成就。

从结构上看，《浮士德》的构想气势宏大、内容盘根错节、风格千变万化。它将现实主义和浪漫主义结合在一起，将如实描述与自由想象、当代生活与古代神话糅合在一起。歌德信奉现实主义，因此在他的诗剧中，处处体现着现实主义思想。从叙事上看，其讲述的故事都有一定的现实基础和真实原型。比如，法兰克福确实发生过一件溺婴案，这一事件成为玛甘泪的故事来源。

尽管诗人是现实主义者，但著作中也充满着浪漫主义色彩。他将幻想、神话等融入其中，借此反映社会现实。如“浮士德”这个人物形象，他是现实主义和浪漫主义的结合体。从整体看，他是幻想的人物，身上所发生的事情都是虚构的。但是他所反映的时代精神，又是当时社会现实的真实体现。作者在写实的基础上，借助想象、神话等多种手段，将代表全人类的化身——浮士德，完美地呈现出来。

浮士德形象的刻画是作者着墨最多的。浮士德总是犯错，却并未堕落。他一直在纠正错误，努力探索前进的道路。在他身上，有着最为显著的特征：永不知足、从不退缩、孜孜以求、积极向上……作者通过魔鬼对他的考验，将这些特性一一展现出来。浮士德是人类的化身，人类具有的双重性，在他身上也有着明显体现。这种双重性表现在，一是在本能的驱使下，有着强烈的欲望；二是尽管有欲望，却又能经得起诱惑，不断自我超越。他在追求理想世界的同时，又沉迷于现实世界的腐败之中，这体现了深刻的哲理。表达了人类本身的矛盾性、复杂性和真实性，也在向人

名师释疑

糅合（róu hé）：掺和，混合。

名师指津

浮士德也是人类的代表，他不断上天入地，进行探索的过程，暗喻了从文艺复兴到启蒙运动300多年西方知识分子追求探索的精神历程。

名师指津

书中围绕“追求”来展现浮士德不断追寻知识、追寻爱情、追寻地位。在一次次失败中他不退缩，最终在改造大自然中寻到了真理。

们传达一种理念：追求真理的道路并不平坦。它指引人们寻找精神之路，表达人生的价值所在，告诉人们朝着崇高理想的伟大道路前进。

在艺术手法上，歌德将现实主义与浪漫主义共用。其中第一部以现实主义为主，第二部以浪漫主义为主。

在艺术手法上，体裁多样，内容丰富，变化莫测。它包罗万千，使各种诗体有机结合，表现了诗人高超的文学技艺和文字功底。整个诗剧跨越了时空界限，将各式各样的人物囊括其中。作者通过不同的表现形式，丰富诗剧的内容。根据不同的人物性格、场合、时间等，采用与其相适应的诗体。他用抒情诗表现玛甘泪的挚情，用古希腊悲剧描写海伦，用哲理性议论描写浮士德，用讽刺性话语描写魔鬼。

在写作方法上，作者采用矛盾对比，各种矛盾体互相映衬。浮士德是诗剧的主体，其他人都作为他的矛盾体，如玛甘泪、海伦等。而魔鬼梅菲斯特，则是浮士德的对立体。它是“恶”势力的代表，是典型的虚无主义者，象征人类潜意识中的欲望和邪恶。在浮士德追求真理的道路上，他发挥着至关重要的作用。他忠于自己的使命，驱赶着人类的懒惰和懈怠，促使他们奋发向上。梅菲斯特对浮士德的讽刺，实际上是对黑暗社会现实的控诉。尽管他是邪恶的化身，对浮士德的堕落置之不理。但他尖锐的批判，却是言必有中。

在思想上，认识深刻，见解独到。作者将世界上的各种矛盾一一呈现，并揭示了它们的内在联系及作用力，具有深刻的辩证法思想和哲理性。作者用矛盾的辩证法，解释人类社会的发展。在善恶斗争中，将人类精神世界的发展轨迹辩证地展现出来。

◆ 文学地位

《浮士德》是歌德思想和智慧的艺术体现，在德国和世界文学史上占有重要地位。它很好地将资产阶级上升时期的历史，进行了艺术性概括。它与《荷马史诗》《神曲》《哈姆雷特》，并称为“欧洲四大名著”。

浮士德这个人物形象，对人类发展具有巨大意义。他代表全人类，他的结局是人类命运和前途的象征。在他的人生轨迹指引下，人类找到了精神净化的出路。而整部诗剧的现实意义是，它承认人类劳动和创造的价值，鼓励人们每天每日去争取生活和自由，然后才配享受生活与自由。

诗剧将作者自己丰富的人生经历融入其中，传递着自己的人生观。人类追求真理的道路是循环前进的，会经历希望、追求、成功、破灭。然后在此基础上，循环往复，不断进步，不断超越自我。通过诗剧，我们能看到作者的执着信念，前进的道路并不是一帆风顺的，但一定会走向成功。诗剧还体现了一种现代理念，人总是和外界发生着各种各样的矛盾冲突，会面临失败和灾难。需要在追求真理的过程中，不断完善自我。勇往直前的“浮士德精神”激励了无数后人。

在文学史上，歌德有着举足轻重的地位。他是民族诗人，激发了德国民众的民族意识，反映并批判了德国的社会生活。同时，他也被世界所熟知。在他的带动下，德国文学成了世界文学宝库的一部分。歌德是欧洲代表性的诗人，与荷马、但丁、莎士比亚齐名。

名师指津

浮士德追寻知识，他学富五车却毫无用处；追寻爱情，爱情却被封建礼教扼杀；追寻政治，却因政治黑暗，不得不为封建王朝服务；追寻艺术，追寻古典美，最后也都化为了泡影。最终，他还是在改造自然中寻到了真理。

名师指津

德国伟大作家，世界文学领域出类拔萃的光辉人物之一。他在 2005 年德国电视二台“最伟大的德国人”票选活动中排名第七，仅次于第六名，伟大的音乐家巴哈。

《哈姆雷特》

◆ 作者简介

华人社会尊称他为莎翁，他是英国文学史上最出色的戏剧家，也是文艺复兴时期最重要的作家，世界范围内最杰出的文学家之一。

威廉·莎士比亚（1564—1616），英国杰出的诗人和戏剧家，是世界文学史上著名的作家之一。

1564年，莎士比亚出生于英国斯特拉特福镇的一个富裕家庭。他的父亲是个生意人，同时还积极参加当地的政治事务，曾当选为市长。莎士比亚出生后的十几年，正是他父亲最得意、家庭经济状况最好的一段时期。莎士比亚幼年在当地的一个文法学校读了6年书，其间对文学创作有了初步的了解。在那里，他还学会了拉丁语和希腊语。可惜，在他13岁时由于父亲破产，他只得中途辍学，开始了独立谋生。据说，为了生存，他曾做过乡村教师，后来，由于偷猎了乡绅的鹿，被迫逃亡到了伦敦。这一说法，目前已无法考证。至少不能说，这是莎士比亚去伦敦的唯一原因。在那样一个充满着新兴资产阶级冒险精神的时代，像莎士比亚这样的青年，不满足于小城市的生活，渴望到首都去一展抱负，也是非常自然的事。在伦敦，他先是在剧院门前为客人看马，后又成了剧院的杂役，加入剧团。他一步步地从演员、导演、编剧，最终发展成为剧院的股东。

1588年前后，莎士比亚开始写作。先是改编前人的剧本，很快开始独立创作。他的戏剧创作可分三个时期。

第一时期（1594—1600）：主要创作历史剧和喜剧，有5部历史剧、8部喜剧和2部悲剧。包括《亨利四世》《威尼斯商人》《罗密欧与朱丽叶》等重要作品。

第二时期（1601—1607）：以悲剧为主，7部悲剧和3部“阴暗的喜剧”（也叫“问题剧”）。四大悲剧《哈姆雷特》《奥赛罗》《李尔王》《麦克白》就是这个时期的杰出代表。莎士比亚塑造的这批新时代的典型悲剧主人公：这些人物挣脱了中世纪的禁锢，从蒙昧的思想中醒来，借助近代黎明的光照，想要发展自己和、完善自己，但又限于自身的局限性，最终在同内心敌对的势力和不公正环境的斗争中败下阵来。

第三时期（1608—1613）：这一时期，莎士比亚的创作开始出现向后倒退的新变化，他转向传奇喜剧和神话剧的创作。由于受到社会背景的约束，在戏剧界出现了迎合王室的贵族流派。莎士比亚经过彷徨、苦闷和思索后，结果后退一步，转向妥协和调和。由于阶级的限制，他无法再沿着悲剧创作中的批判方向朝前走。在作品中，便表现为用道德去感化邪恶，用宽恕去求得和谐。这一时期的主要作品有《泰尔亲王里克里斯》《辛白林》《冬天的故事》《暴风雨》。在这些作品中，在多表现了失散、团聚、诬陷和昭雪事件。尽管作者仍然以人文主义理想作为后盾，对黑暗社会进行了无情揭露，但解决矛盾总要凭借幻想、魔法、机缘巧合以及偶然事件来实现，以容忍、宽恕、妥协、和解作为最终结局。

莎士比亚凭借作品，在当时便声名远播，作品也深受观众的喜爱。

1616 年 4 月 23 日这天，莎士比亚与世长辞，享年 52 岁。两天后，他的遗体安葬于圣三一教堂。

◆ 写作背景

《哈姆雷特》成书于莎士比亚的第二创作期。当时，伊丽莎白女王一世退位，詹姆士一世执政，新旧政权交替。社会矛盾尖锐，丑态毕露。在这一阶段，莎士比亚的思想艺术逐渐成熟，人文主义思想不断冲击着社会现实。他认为，自己的人文理想很难实现。于是，一改前期的写作风格，不再称赞人文主义，而是开始批判社会黑暗。

哈姆雷特的故事来源于 12 世纪的《丹麦史》。

故事的纲领如下：

刚刚登上王位的丹麦国王罗西克斯，下令让兄弟两人芬格和

名师指津

当时英国正处于一个“颠倒混乱的时代”，《哈姆雷特》则借助丹麦 8 世纪的历史反映了 16 世纪末和 17 世纪初英国社会的现实。可以说它是那个时代的缩影。

豪温迪勒斯去加特兰岛担任守卫员。其中，精明能干的豪温迪勒斯得到了国王的赏识，国王将女儿乔鲁莎嫁给了他。他们生了一个儿子，名字叫阿姆莱瑟斯。由于嫉妒，芬格杀用计杀死了豪温迪勒斯，还娶了他的妻子。阿姆莱瑟斯为了避免自己与父亲走向同样的道路，便假装疯了。一次，芬格有个朋友偷听了阿姆莱瑟斯与他母亲的谈话，被阿姆莱瑟斯知道后灭了口。接着，芬格便派了两人押着阿姆莱瑟斯前往英格兰，并附了一封给英格兰国王的密信，信中要国王铲除阿姆莱瑟斯。聪慧的阿姆莱瑟斯早就预想到信中的内容，便在路上将信的内容偷偷改了。到英国后，国王按照信中的要求命人解决了两个押送者。另外，阿姆莱瑟斯因国王的赏识，还娶了他的女儿。在英国，机敏的阿姆莱瑟斯用他的洞察力和过人的才智，揭开了国王不是正统的血统，而是奴隶的后代的秘密，因为他长着一双奴隶般的眼睛。回到丹麦后，他用计把所有的人骗醉，而后放火烧了辉煌的宫廷，还杀死了芬格，为父亲报了血海深仇。

莎士比亚尽可能地利用了所有丹麦史背景，在此基础上进行重新加工，最终完成了《哈姆雷特》。书中讲述了哈姆雷特为父复仇的故事。通过这一故事，作者将文艺复兴晚期的英国和欧洲社会，进行了真实的描绘。它体现了作者对文艺复兴运动的深刻反思，及对人类命运的深切关注。

◆ 内容概述

哈姆雷特是丹麦王国的王子。他年轻有为、正直善良，有魄力，爱思考，喜欢和人民相处，看好人类的发展。当时，他正在德国威登堡大学读书，突然从丹麦传来了噩耗，他的叔叔克劳狄斯残害了他的父亲，篡夺了王位，母亲也被迫改嫁给叔叔。父亲的死，令他痛不欲生，母亲的改嫁使他感到羞辱。

丹麦王子哈姆雷特匆忙回国奔丧。在夜深人静的一个晚上，他在王宫的城堡里看见了父亲的鬼魂，这个鬼魂时隐时现，告诉了自己被害的全部经过：克劳狄斯趁我在花园里睡觉时，将一滴毒草汁灌进了我的耳朵，这种毒液流淌到我的血管里，使全身上下起了数不清的疱疹，最后要了我的性命。父亲希望你能为我报仇，但不要伤害你的母亲，要让她的良心受到谴责。哈姆雷特得知真相后，郁郁寡欢，每天穿着黑色丧服，心里想着复仇的事。

名师释疑

郁郁寡欢：形容心里苦闷。指闷闷不乐。

一天，哈姆雷特去见自己的意中人奥菲利娅，她是首相的女儿。哈姆雷特既想求爱又想复仇，行为十分反常。奥菲利娅到家后将哈姆雷特的情况告诉了父亲，他的父亲又报告了新国王克劳狄斯。克劳狄斯虽然没有听说老国王鬼魂的事，但他心中不安，便派人试探王子哈姆雷特。聪明的哈姆雷特识破了克劳狄斯的诡计，他用装疯来迷惑克劳狄斯，让其对自己放松警惕。

另一方面，作为老国王的儿子哈姆雷特，他一心想复仇，但又碍于母亲的面子，无法痛下决心。另外，他也不太相信父亲的鬼魂说的话，心中感到万分苦恼。

哈姆雷特准备证实新国王克劳狄斯的罪行，就在这时，宫中正好来了一批戏班子，于是，他亲自安排了一出很有寓意的戏，戏中的内容是维也纳的一个公爵被他的一个兄弟在花园里下药毒死，没过多久，这个可恶的凶手还得到了公爵夫人的爱。当大戏上演时，哈姆雷特在旁边观察着新国王克劳狄斯的反映，只见克劳狄斯表现得坐立不安，中途就离开了。这出戏的上演，让哈姆雷特确认了父亲的鬼魂的话，他下定决心复仇。

名师指津

这里体现了哈姆雷特的聪明才智，他利用一场戏证实了新国王的罪行，同时也更加坚定了报仇的决心。

一天，新国王克劳狄斯独自一人在进行忏悔，哈姆雷特本有机会杀死他，但考虑到忏悔中的人被杀会升入天堂，便没有动手。克劳狄斯知道哈姆雷特的意图，便让王后劝说他，结果儿子与母亲发生了争执，一不小心杀死了躲在帏幕后偷听谈话的首相。不幸的是，首相正是哈姆雷特的爱人奥菲利娅的父亲。克劳狄斯以此为借口，将哈姆雷特送往英国，意图借英王之手除掉哈姆雷特。聪明的王子识破了克劳狄斯设下的陷阱，便在中途逃回了丹麦。而此时，奥菲利娅却因受不了父亲死于爱人之手这个沉痛的打击而发疯，投河自尽了。待哈姆雷特赶回丹麦时，正好赶上爱人的葬礼。

克劳狄斯是个阴险小人，他挑唆奥菲利娅的哥哥为父报仇与哈姆雷特决斗，还私下准备了毒酒和毒剑。第一回合哈姆雷特获胜，克劳狄斯假意送上祝贺的毒酒，但哈姆雷特并没有喝。第二回合哈姆雷特又获胜，王后的心里十分高兴，端起原为哈姆雷特准备的毒酒喝了下去。在决斗的过程中，哈姆雷特不小心中了奥菲利娅哥哥的毒剑，随即，他夺过剑后又刺在了对方的身上。王后体内的毒酒发生了反应，不久就死了。奥菲利娅的哥哥在临近死亡时突然良心发现，他揭露了国王克劳狄斯设下的阴谋。哈姆雷特心中气愤，他使出全身的力气将手中的毒剑刺向了克劳狄斯，成功复了仇。但自己也因身中剧毒离开了人世。

哈姆雷特是一名悲情英雄，他最后虽然报仇成功，但是自己也被奸人所害。虽然他死得其所，是为正义而牺牲的，但结局也不免让人惋惜。

◆ 经典选读

第三幕

第一场 城堡中一室

国王、王后、波洛涅斯、奥菲利娅、罗森格兰兹及吉尔登斯吞上。

国王：你们不能用迂回婉转的方法，探出他为什么这样神魂颠倒，让紊乱而危险的疯狂困扰他的安静的生活吗？

罗森格兰兹：他承认他自己有些神经迷惘，可是绝口不肯说为了什么缘故。

名师释疑

迷惘(mí wǎng)：由于分辨不清而困惑，不知怎么办。

吉尔登斯吞：他也不肯虚心接受我们的探问；当我们想要引导他吐露他自己的一些真相的时候，他总是用假作痴呆的神气故意回避。

王后：他对待你们还客气吗？

罗森格兰兹：很有礼貌。

吉尔登斯吞：可是不大自然。

罗森格兰兹：他很吝惜自己的话，可是我们问他话的时候，他回答起来却是毫无拘束。

王后：你们有没有劝诱他找些什么消遣？

罗森格兰兹：娘娘，我们来的时候，刚巧有一班戏子也要到这儿来，给我们赶过了；我们把这消息告诉了他，他听了好像很高兴。现在他们已经到了宫里，我想他已经吩咐他们今晚为他演出了。

名师指津

这是哈姆雷特故意而为之，他想借用戏班子的表演来刺探国王，证实他的罪行。

波洛涅斯：一点儿不错；他还叫我来请两位陛下同去看看他们演得怎样哩。

国王：那好极了；我非常高兴听见他在这方面感到兴趣。请你们两位还要更进一步鼓起他的兴味，把他的心思移转到这种娱乐上面。

罗森格兰兹：是，陛下。（罗森格兰兹、吉尔登斯吞同下。）

国王：亲爱的乔特鲁德，你也暂时离开我们；因为我们已经暗中差人去唤哈姆雷特到这儿来，让他和奥菲利娅见见面，就像他们偶然相遇一般。她的父亲跟我两人将要权充一下密探，躲在可以看见他们，却不能被他们看见的地方，注意他们会面的情形，从他的行为上判断他的疯病究竟是不是因为恋爱上的苦闷。

名师指津

国王想要借奥菲利娅刺探哈姆雷特是否在装疯，可见国王对他已经起了疑心，开始担心自己的罪行是否已经被发现。

王后：我愿意服从您的意旨。奥菲利娅，但愿你的美貌果然是哈姆雷特疯狂的原因；更愿你的美德能够帮助他恢复原状，使你们两人都能安享尊荣。

奥菲利娅：娘娘，但愿如此。（王后下。）

波洛涅斯：奥菲利娅，你在这儿走走。陛下，我们就去躲起来吧。（向奥菲利娅）你拿这本书去读，他看见你这样用功，就不会疑心你为什么一个人在这儿了。人们往往用至诚的外表和虔敬的行动，掩饰一颗魔鬼般的内心，这样的例子是太多了。

国王：（旁白）啊，这句话是太真实了！它在我的良心上抽了多么重的一鞭！涂脂抹粉的娼妇的脸，还不及掩藏在虚伪的言辞后面的我的行为更丑恶。难堪的重负啊！

波洛涅斯：我听见他来了；我们退下去吧，陛下。（国王及波洛涅斯下。）

哈姆雷特上。

名师指津

这一句是哈姆雷特内心的独白，是他对生与死的严肃的思考。体现了人物矛盾的内心，也体现了他精于思考疏于行动，优柔寡断的性格特点。

哈姆雷特：生存还是毁灭，这是一个值得考虑的问题；默然忍受命运的暴虐的毒箭，或是挺身反抗人世的无涯的苦难，通过斗争把它们扫清，这两种行为，哪一种更高贵？死了；睡着了；什么都完了；要是在这一种睡眠之中，我们心头的创痛，以及其他无数血肉之躯所不能避免的打击，都可以从此消失，那正是我

们求之不得的结局。死了；睡着了；睡着了也许还会做梦；嗯，阻碍就在这儿：因为当我们摆脱了这一具朽腐的皮囊以后，在那死的睡眠里，究竟将要做些什么梦，那不能不使我们踌躇顾虑。人们甘心久困于患难之中，也就是为了这个缘故；谁愿意忍受人世的鞭挞和讥嘲、压迫者的凌辱、傲慢者的冷眼、被轻蔑的爱情的惨痛、法律的迁延、官吏的横暴和费尽辛勤所换来的小人的鄙视，要是他只要用一柄小小的刀子，就可以清算他自己的一生？谁愿意负着这样的重担，在烦劳的生命的压迫下呻吟流汗，倘不是因为惧怕不可知的死后，惧怕那从来不曾有一个旅人回来过的神秘之国，是它迷惑了我们的意志，使我们宁愿忍受目前的磨折，不敢向我们所不知道的痛苦飞去？这样，重重的顾虑使我们全变成了懦夫，决心的赤热的光彩，被审慎的思维盖上了一层灰色，伟大的事业在这一种考虑之下，也会逆流而退，失去了行动的意义。且慢！美丽的奥菲利娅！——女神，在你的祈祷之中，不要忘记替我忏悔我的罪孽。

名师释疑

踌躇(chóu chú)：犹豫。停留；徘徊不前。

鞭挞(biān tà)：鞭打，比喻谴责、抨击。

奥菲利娅：我的好殿下，您这许多天来贵体安好吗？

哈姆雷特：谢谢你，很好，很好，很好。

奥菲利娅：殿下，我有几件您送给我的纪念品，我早就想把它们还给您；请您现在收回去吧。

哈姆雷特：不，我不要；我从来没有给你什么东西。

名师指津

这里哈姆雷特的回答没有热情和赤诚，反而话中带着讽刺。这句话中的“你”不是他以前的爱人，而是现在他面前“已经变心”的奥菲利娅。

奥菲利娅：殿下，我记得很清楚您把它们送给了我，那时候您还向我说了许多甜言蜜语，使这些东西格外显得贵重；现在它们的芳香已经消散，请您拿回去吧，因为在有骨气的人看来，送礼的人要是变了心，礼物虽贵，也会失去了价值。拿去吧，殿下。

哈姆雷特：哈哈！你贞洁吗？

奥菲利娅：殿下！

哈姆雷特：你美丽吗？

奥菲利娅：殿下是什么意思？

哈姆雷特：要是你既贞洁又美丽，那么你的贞洁应该断绝跟你的美丽来往。

奥菲利娅：殿下，难道美丽除了贞洁以外，还有什么更好的伴侣吗？

哈姆雷特：嗯，真的；因为美丽可以使贞洁变成淫荡，贞洁却未必能使美丽受它自己的感化；这句话从前像是怪诞之谈，可是现在时间已经把它证实了。我的确曾经爱过你。

奥菲利娅：真的，殿下，您曾经使我相信您爱我。

哈姆雷特：你当初就不应该相信我，因为美德不能熏陶我们罪恶的本性；我没有爱过你。

奥菲利娅：那么我真是受了骗了。

哈姆雷特让奥菲利娅进尼姑庵是因为如果她真的是贞洁的，那么进尼姑庵可以保住她的贞洁；如果不是，那么她进尼姑庵则可以避免生出一堆罪人来。

哈姆雷特：进尼姑庵去吧；为什么你要生一群罪人出来呢？我自己还不算是一个顶坏的人；可是我可以指出我的许多过失，一个人有了那些过失，他的母亲还是不要生下他来的好。我很骄傲，有仇必报，富于野心，我的罪恶是那么多，连我的思想也容纳不下，我的想象也不能给它们形象，甚至于我都没有充分的时间可以把它们实行出来。像我这样的家伙，匍匐于天地之间，有什么用处呢？我们都是些十足的坏人；一个也不要相信我们。进尼姑庵去吧。你的父亲呢？

奥菲利娅：在家里，殿下。

哈姆雷特：把他关起来，让他只好在家里发发傻劲。再会！

奥菲利娅：嗳哟，天哪！救救他！

哈姆雷特：要是你一定要嫁人，我就把这一个咒诅送给你做嫁奁：尽管你像冰一样坚贞，像雪一样纯洁，你还是逃不过谗人的诽谤。进尼姑庵去吧，去；再会！或者要是你必须嫁人的话，就嫁给一个傻瓜吧；因为聪明人都明白你们会叫他们变成怎样的怪物。进尼姑庵去吧，去；越快越好。再会！

奥菲利娅：天上的神明啊，让他清醒过来吧！

哈姆雷特：我也知道你们会怎样涂脂抹粉；上帝给了你们一张脸，你们又替自己另外造了一张。你们烟视媚行，淫声浪气，替上帝造下的生物乱取名字，卖弄你们不懂事的风骚。算了吧，我再也不敢领教了；它已经使我发了狂。我说，我们以后再不要结什么婚了；已经结过婚的，除了一个人以外，都可以让他们活下去；没有结婚的不准再结婚，进尼姑庵去吧，去。（下。）

奥菲利娅：啊，一颗多么高贵的心是这样陨落了！朝臣的眼睛、学者的辩舌、军人的利剑、国家所瞩望的一朵娇花；时流的明镜、人伦的雅范、举世瞩目的中心，这样无可挽回地陨落了！我是一切妇女中间最伤心而不幸的，我曾经从他音乐一般的盟誓中吮吸芬芳的甘蜜，现在却眼看着他的高贵无上的理智，像一串美妙的银铃失去了谐和的音调，无比的青春美貌，在疯狂中凋谢！啊！我好苦，谁料过去的繁华，变作今朝的泥土！

国王及波洛涅斯重上。

国王：恋爱！他的精神错乱不像是为了恋爱；他说的话虽然有些颠倒，也不像是疯狂。他有些什么心事盘踞在他的灵魂里，

名师释疑

嫁奁(lián)：陪嫁的财物。奁，女子梳妆用的镜匣，泛指精巧的小匣子。

名师指津

这里哈姆雷特在大怒之下说出了“已经结过婚的，除了一个人以外，都可以让他们活下去”这样的话，让躲在暗处的国王识破，便想送他到英国去。可见哈姆雷特面对狡诈的国王还不够沉稳老练。

我怕它也许会产生危险的结果。为了防止万一，我已经当机立断，决定了一个办法：他必须立刻到英国去，向他们追索延宕未纳的贡物；也许他到海外各国游历一趟以后，时时变换的环境，可以替他排解去这一桩使他神思恍惚的心事。你看怎么样？

波洛涅斯：那很好；可是我相信他的烦闷的根本原因，还是为了恋爱上的失意。啊，奥菲利娅！你不用告诉我们哈姆雷特殿下说些什么话；我们全都听见了。陛下，照您的意思办吧；可是您要是认为可以的话，不妨在戏剧终场以后，让他的母后独自一人跟他在一起，恳求他向她吐露他的心事；她必须很坦白地跟他谈谈，我就找一个所在听他们说些什么。要是她也探听不出他的秘密来，您就叫他到英国去，或者凭着您的高见，把他关禁在一个适当的地方。

国王：就这样吧；大人物的疯狂是不能听其自然的。（同下。）

（节选自《哈姆雷特》，朱生豪译，人民文学出版社，2000年5月第1版）

◆ 艺术特色

《哈姆雷特》具有强烈的反封建思想，标志着莎士比亚创作艺术的成熟。

《哈姆雷特》深刻地反映出英国16至17世纪之间广阔的生活画面，无论是王宫贵族、百姓生活，或是剧场、比武场，这些场景各异的社会背景在作者笔下被表现得淋漓尽致。这种反映封建社会的逐渐解体、资产阶级的逐渐萌芽在典型的社会背景中得到了完美体现。同时，也衬托出了主人公的性格形成和变化。

《哈姆雷特》复杂的结构和曲折的情节，充分地显示了作者高超的文学艺术才能。这部作品的结构可分为五个层次：第一个层次是丹麦朝廷内部的权力斗争；第二个层次是丹麦与英国、挪威的外交往来，以及丹麦朝廷对德国威登堡持有的态度；第三个层次是哈姆雷特复杂的家庭纽带，波洛涅斯的家庭纽带，以及这个两家庭之间发生的冲突；第四个层次是戏中有戏，比如哈姆雷特与雷欧提斯比剑的桥段；第五个层次是哈姆雷特与各个不同人物的交往。比如，父亲的鬼魂、叔父克劳狄斯、首相波洛涅斯、母后、奥菲莉娅、两个同学、雷欧提斯、霍拉旭、两个掘墓人、剧团伶人以及旧式官僚的典型代表奥斯里克。作者将这些剧情发展和人物关系都安排在这个悲剧里了，一方面增强了剧本的现实性，另一方面也突出了剧中众多人物复杂的内心世界。

名师指津

这是莎士比亚最著名的作品，也是世界上最著名的悲剧之一。它所具有的悲剧意义、复杂的人物性格和极具丰富悲剧色彩的艺术手法，代表了西方文艺复兴时期最高的文学成果。

为了更好地表现人物的思想性格，作者根据他们自身的特点设计出了大量的独白。比如，在写哈姆雷特这个主要形象时，为了把这个人物塑造成一个具有人文主义的思想家，为了展现他内心的矛盾以及性格的发展过程，作者大大地发挥了独白的作用。哈姆雷特的独白很多，至少有五处以上，是剧本中独白最多的人物。作者在安排这些独白时，主要体现在人物思想发生改变的时刻。这些独白，不仅有利于把握人物的思想内涵，而且也是剧情展开的重要线索。

名师指津

此外，作者还运用了大量的写作手法，如隐喻、讽刺、比喻、双关等，用这些修辞更加生动地体现出人物的性格特点。

在人物的塑造上，体现了莎士比亚杰出的才华。剧中的每一个人物，都独具特性。在此之前的戏剧，人物大多是类型化。

王子哈姆雷特和新国王克劳狄斯是两个不同的人物。他们在思想上和政治上都处于对立状态，性格也形成了鲜明对比，一个内向一个外向。另外，哈姆雷特与奥菲利娅也形成了对比，一个佯狂，一个真疯。哈姆雷特、福丁布拉斯和雷欧提斯三个贵族青年心中都装着为父复仇的心事，但他们的性格各有不同，做法也各不相同。从这一点上，可以看出人物性格的复杂性和多面性。哈姆雷特的心里装着崇高的理想，斗争的决心，但他不切合实际，行动上脱离群众，令他无力完成自己的目标，最终在恶势力面前倒下。他的性格不断地发生着变化，常常处于内外双重矛盾的冲突中，一方面是他与客观环境形成的冲突，另一方面是他内心的矛盾冲突。哈姆雷特性格的发展就是在各种矛盾中展现出来的。作者善于在几个人物的对比中表现出主人公的性格。通过对比，可以看到哈姆雷特的宏大志向和坚定的意志力。

在《哈姆雷特》这部作品中，不同的人物，其语言风格也是不同的，这是作者重要的成就之一。不同人物的身份，不同的处境，他们使用了不同的语言：哈姆雷特说话开门见山，波洛涅斯说话字斟句酌，两位同学说话闪烁其词，奥斯里克说话矫情迂腐，掘墓人的语言带着俚语，所用的语言均恰到好处地表现出了人物的社会地位和文化修养。主人公哈姆雷特在面对不同的说话对象时，其语言也在不断发生变化。有时带着一针见血的意味，有时带着晦涩难懂的词调，有时带着一种温情脉脉，有时又带着粗俗不堪的俚语。

名师释疑

俚语（lǐ yǔ）：通俗的或通行面极窄的方言词，如北京话里的“撒丫子”（放开步子跑），“开瓢儿”（脑袋被打破）。

此外，哈姆雷特的独白也是多样性的，时而散文，时而诗体，诗体能看出语言的庄重与典雅，散文能看出语言的诙谐和粗俗。不同文体的使用，在其他的人物身上也有表现。比如，掘墓人所用的民谣。这种多样化的文体、个性化的语言既能丰富人物的性格，又能展现文艺复兴时期的社会画面。从这一点上，就能看出作者卓越的艺术表现力。

◆ 文学地位

“一千个读者，就有一千个哈姆雷特。”这句话我们耳熟能详，指的是对于哈姆雷特的形象，每个人都有自己独特的理解和感悟。从这一点我们可以感受到，《哈姆雷特》对世界的影响不亚于《红楼梦》对中国的影响。如今，哈姆雷特这一人物形象，已经广为人知。

名师指津

这句话的意思是，每个人的立场不同，思维方式和观点也不同，因此在读《哈姆雷特》这部作品的时候就会看出不同的意境。

《哈姆雷特》位于莎士比亚的四大悲剧之首，是作者人文主义思想的集中体现。莎士比亚曾说，他的作品是“给自然照一面镜子，给德行看一看自己的面目，给荒唐看一看自己的姿态，给时代和社会看一看自己的形象和印记”。《哈姆雷特》正是当时的时代缩影。

剧本成功塑造了“哈姆雷特”，他以“忧郁的王子”的形象闻名遐迩。莎士比亚借哈姆雷特，提出“生存还是毁灭”这一具有哲学和时代意义的命题。但我们还应看到，哈姆雷特作为人文主义思想的典型，具有很大的局限性。他们把社会斗争单纯地看成善恶之争，将改革的希望完全寄托于所谓的开明君主。这决定了哈姆雷特的最终失败，它不仅是个人的悲剧，更是时代的悲剧。

《哈姆雷特》这种悲剧式的结局具有一定的深刻性；人物性格较为复杂；高度概括了当时英国的社会生活。其中，悲剧性艺术和高超的语言艺术，无时无刻都震撼着人的心灵。

17 世纪初期，莎士比亚创作的戏剧传入德国、法国、意大利、俄罗斯以及北欧各国。最后，他的戏剧对美国以及世界各地的戏剧发展都产生了重要影响，并且，他的戏剧已成为世界文化发展和交流的重要平台。

莎士比亚不是某一时代的标志，而是世界的象征。就某一层面而言，他的戏剧甚至可以说是人类精神世界的北斗星，指引着人类前进的方向。

《堂吉诃德》

◆ 作者简介

米盖尔·台·塞万提斯·萨阿维德拉（1547—1616），西班牙最伟大的小说家、戏剧家、诗人。

1547年10月9日，塞万提斯出生在一个已经败落的贵族家庭。父亲是一个落魄的医生。一位深受人文主义影响的教师胡安·洛贝斯·台·沃幼斯曾把塞万提斯称为自己的学生。1568年，塞万提斯随教皇派遣到西班牙的使者到了罗马。1570年，他投入西班牙驻意大利的军队，当了一名小兵。1571年，塞万提斯以带病之躯，参与了对抗土耳其的勒班多海战。在战争中，他受了重伤，失去了左臂。1575年，在回国途中，他遭遇了阿尔及尔海盗，被俘虏到阿尔及尔。在那里，他度过了5年黑暗的奴隶生活。1580年，他被亲友赎回。

在此期间他还创作了一些幕间短剧和喜剧。

为了谋生，他当过军需官和收税员。他在贫困中挣扎，还多次入狱。《堂吉诃德》第一部就是在塞维利亚的监狱里动笔的。刑满释放后，他奔走于全国各地，看到了社会的不公、人民的苦难，积累了许多素材，得以撰写出大量反映现实的作品。不过，他的生活始终都很窘迫。1605年，塞万提斯58岁，《堂吉诃德》第一部出版，风行一时。第二部于1615年出版。这部小说虽然颇受欢迎，可作者塞万提斯并未获得太多实惠，依然还是个穷文人，更未在文坛上获得什么地位。不久他患上水肿病。1616年4月23日，塞万提斯在贫病交加中离开了人世。

名师指津

《堂吉诃德》是文艺复兴时期的现实主义著作，也是世界文学史上一颗灿烂的明星。有评论家称它是文学史上第一部现代小说。

塞万提斯的代表作《堂吉诃德》因讽刺人类的荒唐行为而被

世人所熟知，他也被赞为西班牙文学界中最伟大的作家。《堂吉诃德》被公认为文学史上的第一部现代小说，也是世界文学作品中的一枚珍宝。此外，塞万提斯的作品还有历史剧《努曼西亚》、短篇小说集《惩恶扬善故事集》等。

◆ 写作背景

《堂吉诃德》第一部于1605年出版。这时斐利普三世继位不久，正是西班牙王朝由盛极转向衰微之时。而彼时，西班牙的文学却迎来了黄金时代。各种题材的文学作品层出不穷，其中以骑士文学最为盛行。骑士文学解放了人性，冲破宗教神学的束缚，具有很强的现实意义。

然而，随着庄园经济的解体和军事武器的改进，骑士干起了非法勾当。骑士文学开始与现实社会格格不入，变得越来越粗俗荒谬。塞万提斯那个时代，骑士小说依然很流行。于是，《堂吉诃德》便诞生了。塞万提斯认为，骑士小说是精神鸦片，会让人陷入幻想的深渊。因此，他在小说中，创造了“堂吉诃德”这样一个人物。堂吉诃德由于沉迷于骑士小说的世界，做了许多荒唐事。借此，塞万提斯想“把骑士文学的地盘完全摧毁”。

另一方面，文艺复兴的思潮也影响到西班牙，使文学迈入了长达两个世纪之久的黄金时代。塞万提斯热爱文学，为了提高阅读量，接触更多的经典名著，他曾在神职人员家中做过西班牙语家教，同他们一起去意大利。此外，他也结交了许多意大利的文学家和思想家。在意大利期间，塞万提斯受到人文主义思潮的影响，更进一步了解了古代灿烂的文化艺术。正因如此，小说借堂吉诃德之口，精妙地论述了文化、等级、自由等问题，字里行间无不体现出人文主义思想。

名师指津

他依照旧的骑士小说的设定方式，将骑士作为主角，但是却将骑士制度和骑士精神加以修饰，使其漫画化。这样的做法的确收到了很好的效果，当他的小说出版后，西班牙的骑士小说也随之崩溃瓦解。

名师指津

塞万提斯一生的经历，便是西班牙人的冒险生涯，同时他的经历也为他提供了丰富的创作素材，为他创作《堂吉诃德》打下了基础。

同时，塞万提斯的个人经历，使其对当时的社会状况有着敏锐的洞察力。据说，《堂吉诃德》的第一部，就是塞万提斯在监牢中写就的。

◆ 内容概述

堂吉诃德生活在西班牙的台拉·曼，是一个50多岁的穷绅士。他一天到晚都在看骑士小说，脑子装满比武、打仗、恋爱等许多荒诞不经的情节。他幻想着成为一个游侠骑士，铲除所有的恶行。经过艰难的磨砺，建功立业，流芳百世。

一天，他给自己起了个堂吉诃德·台·拉·曼却的名字，穿着祖上传下来的一套破盔甲，骑着瘦骨嶙峋的“驽骍难得”马，将自己暗恋的养猪女杜尔西内娅·台尔·托波索，提起长枪开始了游侠生活。

堂吉诃德深受骑士文学的影响，虽然他为人忠厚、充满正义，想要匡扶正义、打抱不平，但是他不知道生活中的根本问题在哪，更不知道应该如何去解决，所以他所追求的道德和原则，实际上变成了空想。

晚上，堂吉诃德骑着马走到了客店。他把客店当作城堡，把流氓店主想象成堡主。这时，门口有两个妓女，他也顺其自然地当她们是贵妇。在马房，他跪在店主面前，请求店主赐封骑士。一切都完成后，他的冒险经历正式开始。他最先看到一个放羊小孩被绑在树上，地主正殴打小孩。堂吉诃德马上走过去，救下小孩，让地主把工钱一分不落地支付给小孩。地主在堂吉诃德的威吓下照做了。当堂吉诃德走了之后，小孩又被绑在树上，地主更加恶狠狠地鞭打。接着，他看到一队商人，便向他们挑战，却被商人的骡夫痛打。尽管他身负重伤，却仍坚信世界离不开游侠骑士，骑士精神复兴的重担完全落在了他的身上。他说服贫农桑丘·潘沙做侍从，答应占据海岛后，让桑丘做总督。

一天夜里，堂吉诃德和侍从桑丘，又偷偷离开了家。他们走到郊外，把竖立的高大风车当作凶残的巨怪。他扛着长枪，向风车的方向跑去，桑丘拦都拦不住。结果，堂吉诃德和马都被旋转的风车打翻在地，长枪也断成了几节。尽管如此，堂吉诃德始终认为那是魔法在作怪，风车就是巨怪所变。

他们继续前行，在树林过夜。他曾在书上看过，骑士们在树林过夜总是会思念心上人，一连几个晚上都不能入睡。他也要这样，整晚都没有合眼，一直想着杜尔西内娅。

一天晚上，他们住在一家客店顶楼，和骡夫同住。当晚，女仆和骡夫约好见面。结果，房间太黑，女仆走错了地方，来到了堂吉诃德床前。堂吉诃德把她当成了爱慕的公主，将女仆紧紧地抱着，说着情话。等待女仆的骡夫听到后，非常生气，和堂吉诃德打了起来。店主上楼劝阻，也无济于事。直到神圣友爱团的巡逻队长阻拦，他们才停手。而此时的堂吉诃德已经身受重伤，无法动弹。

主仆二人离开了客店。一天，他们看到远处尘土飞扬，是两队羊群在奔跑。可堂吉诃德觉得这是两支军队在战斗，径直冲了上去，攻打自认为的敌人。桑丘还没来得及劝阻，堂吉诃德已经冲入羊群。牧羊人看到有人冲进来，捡起石头朝来人打去。结果，堂吉诃德的头破了皮，牙齿也被打掉了几颗。

名师指津

他完全沉浸在自己的幻想中，疯疯癫癫，做事毫无逻辑，更无理性。这些是作者对骑士文学的讽刺和批判。

堂吉诃德一连几次受伤，却依然执迷不悟。当他们看到一群苦役犯被押上船时，堂吉诃德又冲向了士兵，解救了犯人。他命令犯人，向杜尔西内娅报告，说堂吉诃德立下大功。这些苦役犯居然不听命令，还趁机打劫主仆二人，并狠狠地揍了他俩。害怕被官兵抓去，主仆二人躲进了黑山。堂吉诃德打算在山中修炼，便让桑丘给杜尔西内娅送信。途中，桑丘碰到了神父和理发师，三人让一位少女假装落难公主，将堂吉诃德从山上骗了下来。然后把他塞进袋子里，用牛车带回家，软禁起来。

萨拉果萨城有比武大会，堂吉诃德带着桑丘，又离开了家。这次，堂吉诃德兑现了诺言，桑丘真的成了“总督”。原来，主仆二人的游侠经历，传到了一个公爵的耳中。公爵寻开心，让桑丘到管辖的小镇去当“海岛总督”，还设置案件玩弄他。接着，让手下的人扮作敌人，向“海岛”进攻。结果，桑丘挨了打，从此没有了当总督的想法。堂吉诃德也没有幸免，他们转变方向，到了巴塞罗那。在那里，看到了大学生加尔拉斯果装成的“白月”骑士。堂吉诃德和“白月”骑士决斗，被打败，从此不再做游侠骑士。

回家后，堂吉诃德想做一个牧羊人，过着田园生活。可是，骑士小说始终萦绕在他的脑海中，使他一病不起。临终前，他才清醒过来。他定下遗嘱，侄女继承全部财产，可她将来的丈夫一定要没看过骑士小说才行。三天后，堂吉诃德去世了。

堂吉诃德的死无疑是作者宣判了骑士文学的死刑。是作者对人文主义的欢心。虽然是一场悲剧收尾，但是他的死是旧的无路，却不是新的诞生，之后世界将何去何从依旧是个问号。

◆ 经典选读

第一部

第八章

这时候，他们远远望见郊野里有三四十架风车。堂吉诃德一见就对他的侍从说：

“运道的安排，比咱们要求的还好。你瞧，桑丘·潘沙朋友，那边出现了三十多个大得出奇的巨人。我打算去跟他们交手，把他们一个个杀死，咱们得了胜利品，可以发财。这是正义的战争，消灭地球上这种坏东西是为上帝立大功。”

桑丘·潘沙道：“什么巨人呀？”

他主人说："那些长胳膊的，你没看见吗？那些巨人的胳膊差不多二哩瓦长呢。"

桑丘说："您仔细瞧瞧，那不是巨人，是风车；上面胳膊似的东西是风车的翅膀，给风吹动了就能推转石磨。"

堂吉诃德道："你真是外行，不懂冒险。他们确是货真价实的巨人。你要是害怕，就走开些，做你的祷告去，等我一人来和他们大伙儿拼命好了。"

他一面说，一面踢着坐骑冲出去。他侍从桑丘大喊说，他前去冲杀的明明是风车，不是巨人；他满不理会，横着念头那是巨人，既没听见桑丘叫喊，跑近了也没看清是什么东西，只顾往前冲，嘴里嚷道：

"你们这伙没胆量的下流东西！不要跑！前来跟你们厮杀的只是个单枪匹马的骑士！"

这时微微刮起一阵风，转动了那些庞大的翅翼。堂吉诃德见了说：

"即使你们挥舞的胳膊比巨人布利亚瑞欧的还多，我也要和你们见个高下！"

他说罢一片虔诚向他那位杜尔西内娅小姐祷告一番，求她在这个紧要关头保佑自己，然后把盾牌遮稳身体，横掩着长枪飞马向第一架风车冲杀上去。他一枪刺中了风车的翅膀；翅膀在风里转得正猛，把长枪迸作几段，一股劲把堂吉诃德连人带马直扫出去；堂吉诃德滚翻在地，狼狈不堪。桑丘·潘沙趱驴来救，跑近一看，他已经不能动弹，驽骍难得把他摔得太厉害了。

桑丘说："天啊！我不是跟您说了吗，仔细着点儿，那不过

名师释疑

哩瓦：西班牙长度单位名称，1哩瓦合6.4公里。

趱(zǎn)：赶(路)；快走（多见于早期白话）。

是风车。除非自己的头脑给风车转糊涂了，谁还不知道这是风车呢？”

堂吉诃德答道：“甭说了，桑丘朋友，打仗的胜败最拿不稳。看来把我的书连带书房一起抢走的弗瑞斯冬法师对我冤仇很深，一定是他把巨人变成风车，来剥夺我胜利的光荣。可是到头来，他的邪法毕竟敌不过我这把剑的锋芒。”

名师指津

这里作者用了幻觉展现法，来写堂吉诃德将风车当成了巨人。可见他的想法多么荒谬，而与他相比，仆人桑丘还是比较注重现实的。

桑丘说：“这就要瞧老天爷怎么安排了。”

桑丘扶起堂吉诃德；他重又骑上几乎跌歪了肩膀的驽骍难得。他们谈论着方才的险遇，顺着往拉比塞峡口的大道前去，因为据堂吉诃德说，那地方来往人多，必定会碰到许多形形色色的奇事。可是他长枪断了心上老大不痛快，和他的侍从计议说：

“我记得在书上读到一位西班牙骑士名叫狄艾果·贝瑞斯·台·巴尔咖斯，他一次打仗把剑斫断了，就从橡树上劈下一根粗壮的树枝，凭那根树枝，那一天干下许多了不起的事，打闷不知多少摩尔人，因此得到个绰号，叫做‘大棍子’。后来他本人和子孙都称为‘大棍子’巴尔咖斯。我跟你讲这番话有个计较：我一路上见到橡树，料想他那根树枝有多粗多壮，照样也折它一枝。我要凭这根树枝大显身手，你亲眼看见了种种说来也不可信的奇事，才会知道跟了我多么运气。”

名师释疑

斫（zhuó）：砍；削。

桑丘说：“这都听凭老天爷安排吧。您说的话我全相信；可是您把身子挪正中些，您好像闪到一边去了，准是摔得身上疼呢。”

堂吉诃德说：“是啊，我吃了痛没作声，因为游侠骑士受了伤，尽管肠子从伤口掉出来，也不行得哼痛。”

桑丘说：“要那样的话，我就没什么说的了。不过天晓得，我宁愿您有痛就哼。我自己呢，说老实话，我要有一丁丁点儿疼就得哼哼，除非游侠骑士的侍从也得遵守这个规矩，不许哼痛。”

堂吉诃德瞧他侍从这么傻，忍不住笑了。他声明说：不论桑丘喜欢怎么哼、或什么时候哼，不论他是忍不住要哼，或不哼也可，反正他尽管哼好了，因为他还没读到什么游侠骑士的规则不准侍从哼痛。桑丘提醒主人说，该是吃饭的时候了。他东家说这会子还不想吃，桑丘什么时候想吃就可以吃。桑丘得了这个准许，就在驴背上尽量坐舒服了，把褡裢袋里的东西取出来，慢慢跟在主人后面一边走一边吃，还频频抱起酒袋来喝酒，喝得津津有味，玛拉咖最享口福的酒馆主人见了都会羡慕。他这样喝着酒一路走去，早把东家对他许的愿抛在九霄云外，觉得四处冒险尽管担惊受怕，也不是什么苦差，倒是很惬意的。

名师指津

连自己的仆人哼一声都要参照骑士规则。这里便体现了堂吉诃德对骑士精神、骑士文学的沉迷。

长话短说，他们当夜在树林里过了一宿。堂吉诃德折了一根可充枪柄的枯枝，把枪头移上。他曾经读到骑士们在穷林荒野里过夜，想念自己的意中人，好几夜都不睡觉。他要学样，当晚彻夜没睡，只顾想念他的意中人杜尔西内娅。桑丘·潘沙却另是一样。他肚子填得满满的，又没喝什么提神醒睡的饮料，倒头一觉，直睡到大天亮。阳光照射到他脸上，鸟声嘈杂，欢迎又一天来临，他都不理会，要不是东家叫唤，他还沉睡不醒呢。他起身就去抚摸一下酒袋，觉得比昨晚越发萎瘪了，不免心上烦恼，因为照他看来，在他们这条路上，无法立刻弥补上这项亏空。堂吉诃德还是不肯开斋，上文已经说过，他决计靠甜蜜的相思来滋养自己。他们又走上前往拉比塞峡口的道路；约莫下午三点，山峡已经在望。

名师释疑

萎瘪(wěi biě)：形容因为失去水分而萎缩干瘪。

（节选自《堂吉诃德》，杨绛译，人民文学出版社，1987 年 2 月第 2 版）

◆ 艺术特色

《堂吉诃德》最大的艺术特色表现在作者将悲剧以喜剧的形式呈现出来。堂吉诃德的矛盾性格和悲剧结局，都含有喜剧效果。

在《堂吉诃德》荒诞的外衣下，隐藏着深刻的现实含义。他运用夸张和讽刺的形式，将现实世界和幻想世界联系起来。以宏大的结构形式，将乡村作为舞台，将平民作为塑造对象。在小说中，有近 700 个人物出场，场景从宫廷到荒野，人物足迹遍布全国。它深刻地揭露了当时西班牙社会的尖锐矛盾，批判了贵族的腐败生活，揭示了人民的艰辛反抗，披露了政治、经济、文化、道德等问题。

这部作品将现实主义与浪漫主义很好地结合起来，其中既有纯朴的生活现实又有夸张搞笑的虚构情节。在一定深度上反映了现实，也使人物形象更加生动鲜活。

在小说中，作者塑造了两个举世闻名的经典形象。一个是可笑、可敬、可悲的堂吉诃德，另一个是胆小怕事，又聪明公正的农民桑丘。他把堂吉诃德这个悲剧式的人物，以喜剧的形式塑造出来。他以讽刺和夸张的手法，将人物置身于不同的情境中，展现主人公的荒诞滑稽。他还采用了对比的手法，从人物的内外形象上，将桑丘与堂吉诃德作比。

名师指津

堂吉诃德的形象是复杂而矛盾的，他一会儿是荒诞可笑的梦想家，一会又儿成了真理和正义的捍卫者，有时候他既可笑又可怜，有时候却既伟大又崇高。堂吉诃德的性格是崇高与滑稽的双重组合。

作者在刻画人物的同时，融入了哲理意味，使小说更有趣味性。一个普通的乡绅因沉迷于骑士小说，想要把书中虚幻的行为付诸到现实生活中。更夸张的是桑丘，在堂吉诃德的利益诱惑下，也参与到了他荒唐的行为中。堂吉诃德信念坚定，品格高尚，是骑士的楷模。他勇敢与所谓的敌人决斗，锄强扶弱，经常身负重伤，依然勇往直前。实际上，他所做的事情，只是在扰乱别人的生活。他所坚守的爱情，自认为的意中人，只是一个养猪女而已。在他的世界里，所遇到的种种艰难险阻，都是“魔术家捣的鬼”。他始终鼓励桑丘，骑士经过千锤百炼才能成就大业。而仆人桑丘，只是一个普通的农民，看中实际利益。他喜欢嘴上占上风，抱怨贫穷的现实生活，经常拆穿主人的异想天开。

堂吉诃德是一个矛盾集合体，聪明和愚蠢、荒唐和善良、无能和勇敢相对立而存在。他的行为令人发笑，可大家却并不讨厌他。桑丘既互补了主人的性格，又和主人有着截然不同的一面。总之，堂吉诃德属于幻想主义者，桑丘是现实主义者的代表；堂吉诃德是大智若愚，桑丘是大愚若智。

名师指津

作品在反映现实的深度和广度上都十分深刻，而且塑造的人物十分典型。它标志着欧洲长篇小说跨入了一个新的阶段。

在语言上，小说幽默滑稽，轻松活泼。尽管有些表达未必恰当，情节的安排略显随意。但这并不影响它的魅力，反而让人觉得亲切，更具民间气息。

◆ 文学地位

提起《堂吉诃德》，我们的脑海中，自然而然便会浮现出两个形象。一个是骑着瘦马，拿着破武器，把风车当作巨人奋力冲锋的骑士——堂吉诃德，另一个是跟在他身后，骑着毛驴的滑稽仆从。正是因为这两个人物形象的成功塑造，使《堂吉诃德》被数以万计的人铭记在心。

《堂吉诃德》是塞万提斯的代表作，作者的写作宗旨是“把骑士小说的那一套扫除干净”。不过，作品的社会意义远非如此。小说中，大约涉及了将近700个人物，囊括了广阔的生活场景。它真实地再现了16世纪末至17世纪初期西班牙的社会壮阔，深刻揭露了正走下坡路的西班牙王国的尖锐矛盾，强烈抨击了贵族阶级的荒淫腐败，展现了人民的困境。

1605 年，小说正式出版，很快引起了轰动效应，宫廷市井争相传阅。一年之内，再版了 6 次。1606 年，有人匿名写了《堂吉诃德》的续篇。书中，一方面歪曲原著的内容，另一方面还对塞万提斯进行了批判。塞万提斯得知后，非常愤怒。他随即创作了《堂吉诃德》的第二卷，于 1615 年出版发行，也深受广大读者的喜爱。

迄今为止，《堂吉诃德》已经被翻译成了 100 多种语言，有上百个译本。在西班牙民众的眼中，《堂吉诃德》是民族的骄傲。在世界人民看来，它是文化的瑰宝，是一部“没读过会让你觉得脸红，即使不能享受也会赞赏的杰作之一。”它的语言辛辣讽刺，构思恰到好处，艺术手法夸张，哲理经典深刻。这些就是它流传了 400 多年，依然被广大读者奉为经典的重要原因。

塞万提斯是第一个现代小说家，《堂吉诃德》为世界现代小说奠定了基础，对世界文学产生了深远的影响。

名师释疑

瑰宝：贵重而美丽的宝物；稀世之珍宝。

名师指津

这本书是欧洲早期长篇现实主义小说之一。它不但在国际上声望很高，而且对西班牙文学乃至世界文学也有很大影响。

《巴黎圣母院》

◆ 作者简介

维克多·雨果（1802—1885），是法国文学史上最伟大的作家之一，文学创作生涯达 60 年之久。19 世纪，他领导了法国的浪漫主义文学运动。

1802 年，雨果出生在法国的贝桑松省，幼年曾随当将军的

名师指津

19 世纪前期积极浪漫主义文学运动的旗手和领袖，也是人道主义的代表。同时也是法国文学史上杰出的资产阶级民主作家，被人们称作“法兰西的莎士比亚”。

父亲到过意大利、西班牙等地。母亲是波旁王朝的拥护者，对他少年时期影响很深。1812 年，雨果举家迁至巴黎。中学时代，雨果爱好文学创作，开始写诗。他经常在刊物上发表诗作，获得过很多奖励，内容大多是拥护波旁王朝、歌颂保王主义和天主教。1824 年，随着自由主义的日益高涨，他的政治立场开始发生转变。缪塞、大仲马等青年作家都属于浪漫派，这一时期前后雨果与他们一起成立了“第二文社”，把矛头明确指向了伪古典主义。1827 年，雨果发表的《〈克伦威尔〉序言》，公开谴责了古典主义，是宣扬浪漫主义的重要篇章。因此，雨果也被公认为浪漫主义文学运动的重要领袖。

1831 年，雨果的长篇小说《巴黎圣母院》问世。此时正值雨果在 1830 年革命影响下，从保王主义转向资产阶级自由主义立场，因而作品鲜明地体现了反封建、反教会的意识和对人民群众的赞颂。

1848 年，在法国六月革命以后，雨果走向了共和立场。选举总统时，他给路易·拿破仑投了票。但是，没过多久，他又成了这位野心家的反对派。1851 年，拿破仑发动了一场政变，宣布了帝制，对那些反对他的人进行了镇压，雨果也在其中，为此，他被迫逃亡到国外，这次流亡竟有 19 年之久。流亡期间，雨果发表了《街头与林际之歌》，长篇小说《悲惨世界》《海上劳工》《笑面人》，文艺批评专著《论莎士比亚》等重要作品。

1870 年，拿破仑三世彻底垮台，深受人民爱戴的雨果回到巴黎。

普法战争期间，雨果以高昂的爱国主义情怀投入到了斗争中。他到处发表演说，以此来鼓舞民众的斗志。同时，他还身先士卒，报名参加国民自卫军。在巴黎公社时期，雨果对公社并不是很理解，但在公社挫败后，他似乎又了解了公社，于是挺身而

名师释疑

波旁王朝：是一个在欧洲历史上曾断断续续地统治过纳瓦拉、法国、西班牙、那不勒斯与西西里、卢森堡等国家和意大利若干公国的跨国王朝。

路易·拿破仑：又称拿破仑三世，法兰西第二共和国的总统，支持民族主义，是一位很受欢迎的君主。

出，为那些获罪的公社社员进行辩护。

1885 年 5 月，雨果在巴黎去世。

◆ 写作背景

《巴黎圣母院》是著名法国作家雨果的浪漫主义小说。这部小说凭借离奇和对比手法讲述了一个发生在 15 世纪的法国的故事：巴黎圣母院中的副主教克洛德，是一个道貌岸然的人，他先爱后恨，进而迫害吉卜赛姑娘爱斯梅拉达。长相奇丑、心地善良的敲钟人卡西莫多却为搭救吉卜赛姑娘舍身。小说的宗旨是揭露宗教的虚伪，也预示着禁欲主义的破产，歌颂了下层民众的善良、友爱、舍己为人的精神，也反映出了雨果的人道主义思想内涵。

《巴黎圣母院》问世于 1831 年。当时，整个欧洲都处于政治大动荡时期，封建势力与资产阶级正在进行殊死搏斗。被资产阶级革命推翻的波旁王朝又于 1815 年复辟。但是，资产阶级战胜封建势力的潮流已不可逆转。1830 年 7 月，法国大革命爆发了，最终结束了波旁复辟王朝的统治。这部作品就是雨果借助于中世纪的题材对封建专制与天主教会犯下的罪行作的总清算。也是对 1815—1830 年，波旁王朝的深刻批判。比如，小说中对众多流浪汉攻打圣母院的画面叙述，其实是巴黎民众在 1830 年七月革命的一次重现。

在《巴黎圣母院》中，作者形象地再现了 400 多年前法国国王路易十一统治时期的真实历史，当时的宫廷和教会如何沆瀣一气地压迫民众，而民众又是怎样与两股邪恶势力做斗争。

小说中的吉卜赛姑娘爱斯梅拉达与相貌丑陋的残疾人卡西

> 名师释疑
>
> 沆瀣（hàng xiè）一气：唐代崔瀣参加科举考试，考官崔沆录取了他。于是当时有人嘲笑说："座主门生，沆瀣一气。"（出自于钱易《南部新书》）。后来泛指臭味相投的人结合在一起。

莫多以心灵美的化身呈现在读者眼前，而在副主教克洛德与贵族青年弗比斯的身上所见的则是空虚的心灵、丑恶的嘴脸和罪恶的情欲。雨果将可歌可泣的人物和富有戏剧性的画面用一条主线不着痕迹地连接起来，使整部小说具有良好的可读性。这部小说的浪漫主义色彩非常浓烈，读之能令人感受到一种美感。此外，对比手法也是整部作品的亮点，细细品味，能感受到浪漫主义对照原则的艺术美。

名师指津

雨果在创作《巴黎圣母院》时，认真刻画中世纪法国社会的真实生活，力求贴近自然原貌，同时故事情节生动凝练，为读者呈现出一部内涵丰富的经典之作。

《巴黎圣母院》的出版，使雨果声名鹊起。

名师释疑

声名鹊起：形容突然出名，名声大噪，知名度迅速提升。

◆ 内容概述

愚人节那天。巴黎民众拥着“愚人之王”、巴黎圣母院的敲钟人聋子卡西莫多，在格莱夫广场上游行。吉卜赛姑娘爱斯梅拉达领着一只小山羊在跳舞，穷困潦倒的诗人甘果瓦被这个姑娘的美貌和舞姿吸引了。临近夜晚，甘果瓦尾随在她身后。这时，忽然跳出两个男子把爱丝梅拉达劫走了，其中一个就是白天在广场游行的那个奇丑无比的“愚人之王”卡西莫多。卡西莫多手疾眼快，他把甘果瓦打昏了。

名师指津

甘果瓦作为一个流浪诗人，比别人更加清楚地认识到这个社会和时代的黑暗，因此在“玫瑰”与“面包”面前，他更倾向于选择实际的“面包”。与爱丝梅拉达结成夫妻也是为了活命。

头脑昏昏沉沉的甘果瓦醒来后跌跌撞撞地闯入了“奇迹宫”的大厅，这个地方是流浪汉聚集的地方，外人误入就要处死，除非有某个流浪女愿意嫁给他。甘果瓦陷入了困境，就在这千钧一发的危急关头，吉卜赛姑娘爱斯梅拉达出现了，原来这个美丽的姑娘被巡逻的弓箭队队长弗比斯救下了。心地善良的爱丝梅拉达不愿眼睁睁地看着这个素不相识的人无辜死去，表示自己愿意嫁给他。于是，在流浪汉们的见证下，爱丝梅拉达和甘果瓦结成了夫妻。当然，他们之间的这种夫妻关系只存在于名义上。

第二天，那个丑八怪卡西莫多被捆绑在广场上示众，炎炎烈日下口渴难忍，但没有人去可怜他。回应卡西莫多的是众多围观者的嘲笑和辱骂，爱斯梅拉达看不过去了，勇敢地站了出来，她不计前嫌地把水递到他跟前，卡西莫多喝了下去。顿时，这个看着愚钝无比的敲钟人感动得流下眼泪。

爱斯梅拉达爱上了英俊潇洒的弓箭队队长弗比斯，他们在夜里约会，正处于美妙爱情的甜蜜时刻，不料弗比斯被人刺伤，她被当作杀人凶手抓了起来。就在爱丝梅拉达被处死的关键时刻，卡西莫多迅速冲进刑场将她解救到圣母院的钟楼上。接着，卡西莫多去寻找弓箭队队长弗比斯，希望他能救爱斯梅拉达。然而，弗比斯对爱斯梅拉达只是逢场作戏，他已经抛弃了她去另寻新欢了。

巴黎圣母院中，副主教克洛德纠缠着爱斯梅拉达，他原来是一个道貌岸然的人，心底邪恶、垂涎于爱斯梅拉达的美色。至于敲钟人卡西莫多，他是副主教克洛德收养的弃儿，因此卡西莫多十分听从他的话。正是在克洛德的指使下卡西莫多劫持了爱斯梅拉达，而后这个主教又躲在窗外用匕首刺伤了弓箭队队长弗比斯。

法院下命逮捕爱斯梅拉达，流浪汉们跑到圣母院营救。最终，流浪汉们遭到国王军队的镇压，死伤人数众多。克洛德趁混乱之际，用谎言欺骗诗人甘果瓦，把爱丝梅拉达带出了圣母院的后门，逼迫她跟着自己。但是，爱丝梅拉达拒绝了，恼羞成怒的克洛德，把她交给一个隐修女看管，自己则跑去通知官兵。隐修女在与爱斯梅拉达的相处中，得知她就是自己16年前失散的女儿。为此，隐修女要保护自己的女儿。只是，隐修女的力量单薄，因手里没有武器被刽子手推倒致死。站在圣母院楼上的克洛德，看见爱斯梅拉达被吊上绞架，发出了一阵狂笑。这时，卡西莫多终于看清

克洛德终于露出了他丑恶的嘴脸。他虚伪、道貌岸然，为了满足自己的欲望不顾一切。因为得不到爱斯梅拉达的爱，所以就想毁掉她。

了克洛德的假面目。于是，他猛扑过去将克洛德推了下去，这个副主教一命呜呼。随后，卡西莫多跑到一个墓地，抱着爱斯梅拉达的尸体永远地离开了这个世界。

几年以后，有人在墓地中发现了两个拥抱在一起的遗骸，他们一个是卡西莫多，一个是爱斯梅拉达。

名师指津

这里作者运用了浪漫主义的笔法，将外表美的人和心灵美的人结合在了一起。反映了作者追寻的美学思想。

◆ 经典选读

第十一卷

卡西莫多成亲

爱斯梅拉达被吊死的那天夜里，收尸的差役将其尸体从绞刑架上解下来，并按常规，移尸鹰山地窖。

鹰山，像索瓦尔所言，乃是“王国最悠久，最华美的绞刑台”。在圣殿和圣马丁两个城郊之间，约距离巴黎城垣三公里处，离四舍花园几箭之遥，有个微微隆起的小山丘，坡平地缓，但方圆几里之内均可望得见；山顶上有座建筑物，形状古怪，颇像克尔特人的大石圈，那里也杀牲献祭。

名师释疑

克尔特人：是古代欧洲说印欧语系克尔特族语言的一个部落。他们分部在欧洲中部。

大家可以想一下，在一座石灰石的山岗顶上，有一座平行六面体的粗大建筑物，高十五尺，宽三十尺，长四十尺，有一道门，一个平台，一排外栏杆；平台上耸立着十六根粗糙的大石柱，每根高三十尺，从三面环绕着支撑着它们的平台，排列成柱廊形，柱子顶端之间架着坚实的横梁，横梁上每间隔一段距离悬挂着一条条铁链；这些铁链上都吊着一个个骷髅；附近的平原上，屹立着一个石十字架和两个较小的绞刑架，看上去好像从树干上生长出来的两个枝桠；在这一切之上，天空中一直有乌鸦在盘旋。这就是所说的鹰山。

十五世纪末，这座始自1328年的可怕的绞刑台，已经斑驳不堪，横梁被虫蛀蚀一空，铁链锈迹斑斑，柱子全长满了青苔。方石砌成的墙基，接缝已经完全开裂，无人涉足的平台杂草丛生。这座庞大的建筑物衬托着天空，其剪影实在可怕，尤其是夜间，当微明的月色照着那一个个头颅白骨，或是当晚间寒风把铁链和骷髅吹得轻轻作响，并在阴暗中摇来摇去时，那真是叫人毛骨悚然。这座绞刑台设在那里，就足以使周围成为阴森森的地狱。

用环境描写烘托气氛，其实像地狱的不仅仅是绞刑台，更是当时社会的黑暗制度对生活在下层的人民的压迫。

作为这座丑恶建筑物基础的石头平台，底下是空空如也。里面挖了一个宽大的地穴，用一道破旧的铁栅门关闭着，丢在这里的不仅是从鹰山铁链上解下来的遗骸，而且还有巴黎各常备绞刑架上所有不幸被处死者的尸体。在这地下堆尸处里，有多少尸骸，多少罪行，一起腐烂；世上许多伟人和许多无辜者先后一个接一个来到此地，也留下了他们的尸骨。上至第一个在鹰山首先遭惨祸的正人君子昂格安·德·马意尼，下至最后一个在这里被害的另外一个正人君子科利尼海军元帅。

卡西莫多神秘失踪了，我们对此所能发现的只有如下而已：

在这篇故事结束那些接连不断发生的事件之后大约两年或一年半，有人到鹰山地穴里来寻找两天前被绞死的公爵奥利维埃的尸体，因查理八世特准他移葬于圣洛朗，埋在比较善良的死者当中。就在那些丑恶的残骸中，人们发现有两具骷髅，一具搂抱着另一具，姿势十分古怪。这两具骷髅中有一具是女的，身上还残存着几片白色衣袍的碎片，脖子上则挂着一串用念珠树种子制

成的项链，上系着装饰有绿玻璃片的小绸袋，袋子打开着，里面空无一物。这两样东西不值分文，刽子手大概不要才留下的。紧拥着这一具的另一具骷髅，是男的。见他脊椎歪斜，头颅在肩胛里，一条腿比另一条短。而且，颈椎丝毫没有断裂的痕迹，很显然他不是被吊死的。因此可以断定，这具尸骨生前那个人是自己来到这里，并且死在这儿的。人们要将他从他所搂抱的那具骨骼分开来时，他霎时化为了尘土。

（节选自《巴黎圣母院》，陈敬容译，人民文学出版社，1982年第1版）

◆ 艺术特色

阅读《巴黎圣母院》这部作品，第一个直观的感受就是它强烈的“美丑对比”。小说中的人物和事件，与现实生活相对。作者描绘出了一幅幅形象而奇异的画面，形成了善与恶、美与丑的强烈对比。

在作品中，可以看到两组鲜明的人物对照：爱斯梅拉达、卡西莫多与弗比斯、克洛德；在这两种爱情的对照中：第一种是爱斯梅拉达对弗比斯真诚的爱，卡西莫多对爱斯梅拉达发自内心的爱；第二种是克洛德对爱斯梅拉达的情欲，弗比斯对爱斯梅拉达的逢场作戏。

另外，可以看到两个节日的对照：即愚人节与宗教节。在两个节日的对照下，可以看到两个王朝：一个是乞丐王朝，另一个是封建王朝。乞丐王朝的国王克洛潘与法兰西国王路易十一。与此同时，还能看到两种法律：一种是乞丐王朝一视同仁的公正法

名师指津

卡西莫多一开始并未处于故事的中心，但是越到最后却越走上中间的舞台。他为了保护爱斯梅拉达不断积聚自己的力量，虽然最后是以悲剧收尾，但是他的精神却永远与爱斯梅拉达共存。也被读者赞扬传颂。

名师指津

小说中集美貌与反叛精神于一身的吉卜赛女郎爱斯梅拉达与面貌丑陋的敲钟人卡西莫多形成了鲜明的对比。但是，卡西莫多虽然丑陋，心灵却是美丽善良、充满正义的，这才是作者设定此人物的真正目的：宣扬用博爱、仁慈来改造人性。

律，另一种是封建王朝和教会掌控用以镇压民众的反动法律。作者通过善与恶、美与丑、光明与黑暗的强烈对照，以此来深化作品的主题。

作者笔下的这种极端的美与丑的对照，崇高与邪恶的对立，给作品注入了一种震撼人心的力量，能够卷走人的全部情感。当然，这也是作品的魅力之一。

作者在《< 克伦威尔 > 序言》中说："丑怪就存在于美的旁边，畸形靠近优美，'丑恶滑稽'藏于'典雅高尚'的中间，恶与善如影相随，黑暗与光明相伴。"在创作中，作者也是以这种审美的对照原则实践的。

小说是一部极具浪漫主义色彩的作品。在人物的塑造上，作者以丰富的想象力，夸张的手法，浪漫主义的情怀描绘了一个集丑陋于一身的人物形象：这个形象一出生就是"一个蜷缩成一团的小怪物，难看、跛足、独眼、驼背"。长大后，因敲钟的缘故把他的耳朵震聋了。这个人看上去像一个被打碎了的而没有拼拢起来的巨人像，鼻子看出去像四面体，长着马蹄形的嘴，在赤红色的眉毛下长了一个小小的左眼，右眼被一个大瘤遮住了，牙齿长得参差不齐，嘴唇很坚硬——整个牙齿如同象牙般从唇上突出来。下巴弯曲。脸上呈现出轻蔑、惊奇和混合的表情。不难看出，作者将卡西莫多的丑陋面貌刻画得淋漓尽致。

小说的情节也具有浪漫主义色彩，有许多巧合，怪诞的事情发生。例如，卡西莫多独自在圣母院的抵抗、爱斯梅拉达与隐修女——她的母亲，在绞刑前的重逢、卡西莫多与爱斯梅拉达的尸骨被分开后化为了灰尘等，这些都是作者丰富想象的产物。

另外，作者对自己的作品充满了一种激情，在创作中运用了浓厚的浪漫主义艺术，这一点具有引人入胜的效果。

作者在进行环境描写时也是奇特的，以浪漫主义色彩绘声绘色地描绘出了巴黎城市的美丽景色和中世纪不见天日的生活面貌，把人带入了一个充满绚烂色彩的世界。在这个世界中，可以看到高大的哥特式建筑、起伏不断的屋脊海洋、错落有致的街道、散落于街头的绞刑架、阴森森的巴士底狱和流浪人汇集的奇迹宫厅。

此外，作者还以大量的篇幅描绘了宏伟壮观的巴黎圣母院，这座建筑是建筑艺术界的奇迹。巴黎圣母院以雄伟的整体，带着数不清的人与兽的浮雕，矗立在中世纪的巴黎。以生动形象的语言将这些浮雕拟人化，既写出了一个肃穆庄严、壮丽宏伟的建筑，又以神秘的笔调将有生命的存在物，展现在人们的眼前。在这方面，也加重了作品的浪漫主义格调。

名师释疑

巴士底狱：原名为“巴士底要塞”，“巴士底”在法文中意为“城堡”，是一座十分坚固的要塞。后来成了关押政治犯的监牢，是法国封建专制制度的象征。

桎梏（zhì gù）：脚镣和手铐，比喻束缚人或事物的东西。

◆ 文学地位

《巴黎圣母院》的文学价值以及社会意义，具有非常深远的影响。在经历将近两个世纪的岁月后，仍然深受读者的追捧。这部小说，打破了以往古典主义的桎梏，是浪漫主义作品中的一座里程碑。

《巴黎圣母院》是一部气势宏伟、极具浪漫主义色彩的文学作品。雨果作为一个大师级的文学家，这部小说把他的才华展现得淋漓尽致，使他声名大噪。书中所创造的吉卜赛姑娘和钟楼怪人这两个人物形象，在世界文学艺术史上有着永不褪色的历史地位。小说有着宏伟的结构，充满张力的情感表现，以及对人性的深刻剖析，都让世人惊叹不已。正因如此，使得小说一经问世，便成了人们最喜欢改编的文学题材。

名师指津

《巴黎圣母院》是第一部具有雨果自身风格的长篇小说。

《巴黎圣母院》面世之后，曾多次改编为电影、动画片、戏剧等多种艺术形式，都获得了巨大成功，为全世界人民所喜爱！

《复 活》

◆ 作者简介

列夫·尼古拉耶维奇·托尔斯泰（1828—1910），是19世纪末到20世纪初，俄国伟大的批判现实主义作家。在世界文坛上，也享有盛誉。列宁评价他为“强烈的抗议者、激愤的揭发者和伟大的批评家”，称颂他是“俄国革命的镜子”，赞扬他“创作了世界文学中第一流的作品”。

1828年，列夫·尼古拉耶维奇·托尔斯泰出生于土拉省雅斯内纳雅·波良纳的一个伯爵家庭，长大以后，他顺利地继承了伯爵爵位。1844年，托尔斯泰进入喀山大学学习；1852年，他在高加索当了一名军人。1857年和1860年，托尔斯泰先后两次前往欧洲，探寻俄罗斯社会问题的解决之道。此后的一段时间他是在自己的庄园中度过的。日常主要是写作。晚年时期，他的思想发生了很大转变——想脱离贵族生活，将同情和关心投入到贫苦民众身上，放弃了自己的财产。在1910年10月28日晚上，托尔斯泰离家出走。11月7日，身患疾病的他死在了一个小火车站上。在托尔斯泰的一生中，其创作活动长达60多年。代表作品是三部长篇小说，分别是《战争与和平》《安娜·卡列尼娜》

名师释疑

喀（kā）山：俄罗斯中部的文化古城。俄罗斯首府，是俄罗斯的第八大城市。同时也是旅游胜地，名胜古迹颇多。

和《复活》。

其中，《复活》写的是贵族青年聂赫留朵夫奸污了姑妈的养女玛丝洛娃，不幸的玛丝洛娃被赶出家门，继而堕落为妓女。后来，玛丝洛娃又因涉命案被关进了监狱。后来，聂赫留朵夫觉醒了，他对自己的所作所为愧悔不已，于是，他以实际行动赎罪，做出与玛丝洛娃结婚的决定。但是，玛丝洛娃并没有同意，她最后嫁给了一个革命者。在这个革命者的影响下，她重新开始了自己的生活。在《复活》这部作品中，作者对俄国的旧社会给予了无情的揭露和大胆的批判。同时，也宣扬了“博爱”“不以暴力抗恶”等托尔斯泰主义思想。

名师指津

《复活》是列夫·托尔斯泰长期以来在思想意识上和艺术探索中的思考和总结。

◆ 写作背景

《复活》是托尔斯泰晚年时期的作品。这时，他的世界观已经发生了变化，摒弃了上层贵族社会的传统价值观，取而代之的是以底层农民的眼光审视各种社会现象。在他的作品中，有草菅人命的法庭和关押无辜百姓的监狱；有富丽堂皇的教堂和衣衫褴褛的犯人；有荒凉的农村和豪华的都城；有戴着手铐脚镣的政治犯。这些正是沙皇统治下的俄国真实社会。作为贵族的托尔斯泰，对这些有着最清醒的认识。他创作的这部作品，对当时的社会进行了猛烈的抨击。

名师释疑

衣衫褴褛（lán lǚ）：形容衣服破烂。

作品的内容是建立在一个真实的案件上。一个名叫聂赫留朵夫的贵族青年诱奸了姑妈家的养女——乡村姑娘玛丝洛娃，致使她堕落成妓女；当玛斯洛娃被诬告为谋财害命时，聂赫留朵夫却以陪审员的身份在法庭上审判她。看似巧合的事件，却带有典型的社会讽刺意义。这部作品，既深刻地表达出作者晚年的精神觉

名师指津

玛丝洛娃这个悲苦的艺术形象深刻地反映了俄罗斯下层人民所遭受到的深重苦难和当时社会的黑暗。

悟，也是借着男主人公聂赫留朵夫的人生经历，描绘从城市到农村的社会性问题，并且对政府、法庭、教会、监狱、资本主义制度和土地私有制作了无情批判。

◆ 内容概述

男主人公聂赫留朵夫公爵是莫斯科某个地方法院的一名陪审员。一次，聂赫留朵夫参与审理两个旅店侍役嫁祸一个妓女谋财害命的案件。意外的是，这个名叫玛丝洛娃的妓女不是别人，正是他青年时期热恋过的女子玛丝洛娃。于是，10 年前的往事瞬间浮现在聂赫留朵夫眼前。

当时，聂赫留朵夫还是一个大学生，放暑假的他住在姑妈的庄园中写论文。那时的聂赫留朵夫善良、热情、心中有崇高的理想，热衷于西方的进步思想，还喜欢上了姑妈家的养女玛丝洛娃。他们一起玩耍、一起谈天说地，感情很纯洁。三年后，聂赫留朵夫毕业了。随后，他去了近卫军团，在路过姑妈庄园时，又见到了玛丝洛娃。在复活节的那天，聂赫留朵夫见身穿雪白连衣裙的玛丝洛娃非常漂亮，尤其是那泛起红晕的脸蛋和那可人的眼睛令他再次体验到了纯洁的爱情韵味。但是，自这以后聂赫留朵夫的情欲占了上风，临行前，他占有了纯洁的玛丝洛娃，还抛弃了她。后来，他听说玛丝洛娃堕落了，也因此将她彻底忘却。

面对堕落的玛丝洛娃，聂赫留朵夫觉得是自己害她沦落到这个地步的，所以他对玛丝洛娃感到非常愧疚。

如今，面对堕落的玛丝洛娃，聂赫留朵夫才意识到问题的严重性，他的良心受到谴责，却又怕玛丝洛娃认出他。当时，聂赫留朵夫的内心很紧张，思绪异常纷乱。而其他的法官、陪审员则都是一副心不在焉的样子，他们空发议论。审判的结果是，玛丝洛娃被流放到西伯利亚做四年苦役。聂赫留朵夫见玛丝洛娃失声痛哭、诉说着自己的冤枉。他十分想为玛丝洛娃做点什么，于是他奔走于彼得堡的上层，但是他的上诉皆被驳回。为此，他向皇帝请愿，准备前往莫斯科与玛丝洛娃一起去西伯利亚。玛丝洛娃被聂赫留朵夫的真诚打动，戒了烟酒，不再卖弄风情。在去西伯利亚的途中，聂赫留朵夫为犯人们争取到不少利益，犯人们几乎将他视作救世主。不仅如此，聂赫留朵夫还从中斡旋，将玛丝洛娃调到政治犯的行列，使她免受男人的骚扰。路途中，玛丝洛娃受到政治犯西蒙松的情操感染，她原谅了聂赫留朵夫。西蒙松爱上了玛丝洛娃，并向她表白。玛丝洛娃衡量再三，她觉得聂赫留朵夫向她求婚是因为过去的纠葛，而西蒙松爱的才是现在的她。为了自己的幸福，她选择与西蒙松结合。

名师指津

玛丝洛娃对聂赫留朵夫的原谅，体现了她的“宽恕”精神，而正是这种精神，让她的灵魂得以“复活”。

玛丝洛娃改判为西伯利亚近处流放。聂赫留朵夫将这个好消息转告玛丝洛娃并再次向她求爱，玛丝洛娃拒绝了他，但这次聂赫留朵夫很平静，因为他已尽了最大的努力弥补自己的过失。玛丝洛娃和西蒙松走后，聂赫留朵夫留了下来，他在信奉上帝，在基督教义的指导下，他过上了一种全新的生活。他的灵魂得救了。

◆ 经典选读

第一部

二

女犯玛丝洛娃的身世极其平凡。她是一个未婚的女农奴的私生子。这女农奴跟着饲养牲口的母亲一起，在两个地主老姑娘的庄院里干活。这个没有结过婚的女人年年都生一个孩子，并且按照乡下习惯，总是给孩子行洗礼，但不再给这个违背她的心愿来到人间的孩子喂奶，因为这会影响她干活。因此，孩子不久就饿死了。

就这样死了五个孩子。个个都行了洗礼，个个都没有奶吃，个个都死掉了。第六个孩子是她跟一个过路的吉卜赛人生的，是个女孩。她的命运本来也不会有什么不同，可是那两个老姑娘中有一个凑巧来到牲口棚，斥责饲养员做的奶油有牛臊气。当时产妇和她那个白白胖胖的娃娃正躺在牲口棚里。那老姑娘因为奶油做得不好吃，又因为把产妇放进牲口棚里，便大骂了一通。骂完正要走时，忽然看见那娃娃，觉得很惹人爱怜，就自愿做她的教母。给女孩行了洗礼，又因怜悯这个教女，便常给做母亲的送点牛奶和钱。女孩就这样活了下来。两个老姑娘从此就叫她“再生儿”。

孩子三岁那年，她母亲害病死了。饲养牲口的外婆觉得外孙女是个累赘，两个老姑娘便把女孩领到身边抚养。这个眼睛乌亮亮的小女孩长得非常活泼可爱，两个老姑娘就常常拿她消遣解闷。

这两个老姑娘中，妹妹索菲亚·伊凡诺夫娜心地比较善良，就是她给女孩行的洗礼；姐姐玛丽雅·伊凡诺夫娜脾气比较急躁。索菲亚把这娃娃打扮得漂漂亮亮，还教她念书，一心想把她培养成自己的养女。玛丽雅却要把她训练成一名出色的侍女，因此对她很严格，遇到自己情绪不好，就罚她甚至打她。由于两个老姑娘持不同的态度，小姑娘长大成人后，便一半成了侍女，一半成了养女。她的名字也不上不下，叫卡秋莎（即玛丝洛娃），而不叫卡吉卡，卡金卡。她缝补衣服，收拾房间，擦拭圣像，煮茶烧菜，磨咖啡豆，煮咖啡，洗零星衣物，有时还坐下来给两个老姑娘读书解闷。

有人来给她说媒，她一概谢绝，觉得嫁给卖力气过活的男人，

名师指津

可见穷人家孩子的悲惨命运，也体现了当时社会的黑暗和下层人民所遭受的苦难。

名师释疑

累赘(léi zhui)：（事物）多余、麻烦；（文字）不简洁。使人感到多余或麻烦。使人感到多余、麻烦的事物。

卡秋莎：她的正名是叶卡捷琳娜，卡特卡是这名字的卑称，卡金卡是比较高雅的爱称，而卡秋莎则是比较普通的小名。

日子一定很苦。她已经过惯地主家的舒适生活。

她就这样一直生活到十六岁。在满十六岁那年，两个老姑娘的侄儿，一个在大学念书的阔绰的公爵少爷来到她们家。卡秋莎暗暗爱上了他，却不敢向他表白，甚至连自己都不敢承认产生了这种感情。两年后，这位侄少爷出发远征，途经姑妈家，又待了四天。在临行的前夜，他引诱了卡秋莎，动身那天塞给她一张一百卢布钞票。他走了五个月后，她才断定自己怀孕了。

从那时起，她变得性情烦躁，一味想着怎样才能避免即将临头的羞辱。她服侍两个老姑娘，不仅敷衍塞责，而且连自己都没想到，竟发起脾气来。她对她们说了不少粗话，事后又觉得懊悔，就要求辞工。

两个老姑娘对她也很不满意，就放她走了。她从她们家里出来后，到警察局长家做了侍女。但只做了三个月，因为那局长虽然年过半百，但还是对她纠缠不清。有一次，他逼得特别过分，她便发起火来，骂他混蛋和老鬼，狠狠地把他推开。他竟被推倒在地。她因此被解雇了。因为快要分娩，她已不能再找工作了，就寄居到乡下一个给人接生兼贩私酒的寡妇家里。分娩很顺利，可是那接生婆刚给一个有病的乡下女人接过生，便把产褥热传染给了玛丝洛娃。男孩一生下来就被送去育婴堂，据送去的老太婆说，一到那儿，婴儿就死了。

玛丝洛娃住到接生婆家里的时候，身上总共有一百二十七卢布：二十七卢布是她自己挣的，一百卢布是公爵少爷送的。等她从接生婆家里出来时，手头只剩下了六个卢布。她不懂得省吃俭用，只会花钱，待人又厚道，总是有求必应。接生婆向她要了

名师指津

玛丝洛娃在少女时期是地主家养女兼婢女的身份，正是由于这样的身份，所以在她的身上没有任何卑躬屈膝的痕迹。天真烂漫的她已经无法再回到底层生活中去了。

名师释疑

卢布：是俄罗斯的本位货币单位。1 卢布 =100 戈比。

名师指津

这是她之前在地主家过惯了阔绰的生活所养成的习惯。因此即使身处那样的境地也依然改不了大手大脚花钱的习惯。

四十卢布，作为两个月的伙食费和茶点钱，又要了二十五卢布，算是把婴儿送到育婴堂的费用。另外，接生婆又向她借了四十卢布买牛。剩下的二十几个卢布，玛丝洛娃自己买衣服，送礼，零星花掉了。这样，当身体复原时，她已身无分文，不得不重新找工作。她到林务官家干活。林务官虽然已有老婆，但也跟警察局长一样，从第一天起就缠住卡秋莎不放。卡秋莎讨厌他，竭力回避。但他比卡秋莎狡猾老练，主要因为他是东家，可以随意支使她，终于找到了一个机会，把她占有了。做妻子的知道了这件事，有一次趁丈夫同卡秋莎单独待在房间里，就扑进去打她。卡秋莎不甘示弱，两人厮打起来。结果卡秋莎连工资也没拿到就被赶了出来。此后卡秋莎来到城里，住在姨妈家。姨父是个装订工，原先日子过得不错，后来主顾越来越少，他就借酒消愁，把家里的东西都变卖拿去换酒喝了。

（节选自《复活》，草婴译，上海译文出版社，1988 年 10 月第 1 版）

◆ 艺术特色

《复活》的艺术特色主要表现在以下几个方面。

第一，高超的讽刺艺术。托尔斯泰的讽刺艺术并非是凭借夸张手法，而是采用现实主义手法来暴露事物的本质与表面的矛盾。比如，在金碧辉煌的教堂中呈现出来的祈祷场面和衣衫褴褛憔悴的犯人。

第二，人物的心理描写很成功。作者不仅描写了人物的心理活动的结果，更关心心理活动本身，对一个人心理活动的那种难以捉摸的、瞬息万变的现象把握得非常到位。

第三，运用了鲜明的对比手法。在《复活》这部作品中，作者创作的基本原则是尖锐的对比。具体表现为：在《复活》这部作品中的许多场面都可以看到两种对立面：第一种是人民的世界与老爷的世界的对立。第二种是具体的两个场面的对立。比如，星期天一边是犯罪人家属“探监日”的哭哭啼啼，另一边是副省长“在假日”里的欢声笑语。这些对比都很形象，也很生动。

这部作品主要刻画了聂赫留朵夫和玛丝洛娃两个主人公形象。

名师指津

列夫·托尔斯泰通过男女主人公各自不同的遭遇，淋漓尽致地描绘出一幅幅沙俄社会的真实图景。他用自己的现实主义态度，对当时黑暗的社会制度和国家机器进行了猛烈的抨击。

在聂赫留朵夫的身上可以看到托尔斯泰式的主人公影子，这个人物对作品的主要思想起到了关键性作用。但是，若是没有玛丝洛娃这个人物，那么人民的生活境况就不能很好地展示。同时，也不会有深厚的感人力量。

托尔斯泰在写到玛丝洛娃时，能从他的笔下感受到一种真挚的同情和温暖的爱。少女时代，玛丝洛娃是地主家的养女兼使女身份，但她的身上却丝毫找不到奴颜婢膝的迹象。她天真烂漫，却幼稚无知，以单纯的心灵幻想象着世界的美好。被诱奸后的玛丝洛娃还有过美好的幻想，直到那个风雨交加的秋夜来临——聂赫留朵夫在舒适的头等车厢里谈笑，而玛丝洛娃在火车旁呼喊却没能得到回音。这时，玛丝洛娃才开始意识到一种差异，他们并不是同路人，而是两个世界的人。当时，玛丝洛娃真想跳到车轮下，了结此生。只是，肚子里的孩子提醒她放弃这个念头。自此以后，她的心中就失去了光明与希望。于是，她在黑暗中挣扎、摸索——她不再相信上帝和善良 。

名师释疑

奴颜婢膝：形容卑躬屈膝、奉承巴结的样子。

名师指津

玛丝洛娃在认清现实之后，对于聂赫留朵夫已经不抱任何希望。两人之间无法逾越的差距让她开始对现实和人生有了新的认识。

在《复活》这部作品中，男主人公聂赫留朵夫的思想和性格的发展变化一共经历了三个阶段：第一，纯洁善良、追求崇高理想的阶段。这时的他是一个善良的青年男子。第二，纵情纵欲、走向堕落的阶段。当步兵时，他是一个十足的利己主义者，这些都是贵族生活和军队生活对青年腐蚀的结果；当陪审员时，他是一个极尽奢侈，且放荡的人。第三，是在后悔中走向忏悔的阶段。聂赫留朵夫拒绝米希的求婚，向玛丝洛娃表达了自己的歉意，为玛丝洛娃的案子上诉，向她求婚。也是善良的天性回归的阶段。

玛丝洛娃的形象十分丰满、真实，这个典型形象令人印象深刻。这部作品正是通过玛丝洛娃和她的不幸遭遇，反映了处在社会底层的人民的生活画面。在《复活》的形象体系中，玛丝洛娃与聂赫留朵夫的人生道路相辅相成，他们体现了作品的主题。玛丝洛娃和聂赫留朵夫生活的转折都取决于如何对待永恒法则。即上帝对真理的态度。因此，他们在后来的精神复活中，首先是跟着上帝的旨意走，恢复内心对爱和善的信念。聂赫留朵夫以忏悔和赎罪的方式赢得了玛丝洛娃的宽恕，也因此回到了爱的路上。另外，作者也写了男女主人公关系的阶级因素、社会因素，把伦理道德与社会的主题紧密地联系在一起，结合为一体。

名师指津

玛丝洛娃心底保留的那一份善良的天性，和她对聂赫留朵夫初恋时的美好回忆，让她最终原谅了他。

此外，小说还刻画了一系列群像。比如，以人民的崇高名义审判了“审判者”，毫不留情地撕下了高坐于审判席上的沙皇官员、贵族代表的假面具，让人们看到了他们不洁的灵魂。

◆ 文学地位

《复活》是一部思想严肃的作品，是作者艺术探索的一个里程碑，这部作品是他艺术水平的最高成就。这部作品通过地主家的养女玛丝洛娃被诱奸、从而走向堕落以及被审判官下狱、被流放的悲剧，表现了作者对被损害者的同情，也是对俄国的专制官僚制度的无情揭露、嘲讽和批判。作者通过玛丝洛娃的不幸遭遇，

名师指津

《复活》也是俄国批判现实主义发展的巅峰之作。

向人们展示了俄国千万个受压迫妇女的命运。玛丝洛娃的思想觉醒和精神“复活”，有它的必然性，也带有一定的典型意义。在这一点上，能看到作者的创作高度和深度。

托尔斯泰的大部分作品，反映的都是1861年至1905年间俄国革命时期的历史特征。在他的作品中，可以看到俄国社会各个阶层的生活状况，揭示了当时俄国社会存在的矛盾，表达了民众心中的愿望，正是在这样的情况下他被列宁称为“俄国革命的镜子”。

《复活》是列夫·托尔斯泰一生的思想反映，表露了他对社会的价值理念。其实，托尔斯泰主义的核心是道德的自我完善，通常不以暴力来抗恶，而提倡博爱。他的这种思想感动并影响了无数读者，也引起了世人的广泛思考。

名师指津

列夫·托尔斯泰宣扬一种属于他自己的宗教“博爱”思想，人们将其称为“托尔斯泰主义”。同时，他也对现实的无情和黑暗加以揭露和批判，宣扬拯救灵魂、禁欲主义等。

《老人与海》

◆ 作者简介

厄纳斯特·海明威（1899—1961），20世纪美国著名作家。他的作品独具风格，在世界上有很大的影响。

1899年7月21日，海明威出生在美国的芝加哥。父亲是医生，海明威幼年常随父外出行医和捕鱼打猎。这使得他的爱好极为广泛，游泳、钓鱼、拳击、踢球都是他所喜爱的，这些爱好也使他具备了强壮的身体和坚强的性格。海明威的母亲是一位虔诚的基督教徒，热爱艺术，时常带孩子们看画展。在母亲的熏陶下，他

名师指津

海明威的写作风格以简洁著称，对美国文学及20世纪文学的发展有极深远的影响。他是20世纪最著名的小说家之一。是美国“迷惘的一代”作家的代表人物。

从小便接触到了音乐和美术，这也在他日后的创作中产生了巨大的影响。

1917 年，在海明威中学毕业前夕，第一次世界大战爆发后，他报名参加了美国红十字会的医疗队，不幸的是，他在意大利前线救治伤员时不幸负伤。经过治疗，身体痊愈回国后，被称为英雄。

战后，以加拿大多伦多《明星报》驻欧记者的身份旅居巴黎，与美国女作家斯泰恩、诗人庞德和爱尔兰作家乔伊斯交往密切。在这些朋友的鼓励下，海明威开始发表作品。

第二次世界开战后，海明威以其敏锐的眼光在古巴设立了反法西斯情报中心。此外，他还以随军记者的身份去欧洲参与了军事行动。其中就有“解放巴黎战斗”。40 年代初期，一身热血的海明威又来到中国参与报道抗日战争。

在第二次世界大战结束后，海明威移居古巴。当古巴革命爆发后，海明威不得已又迁居于美国爱达荷州。也许是他过于劳累，身体一天比一天差，最后还患上了糖尿病、高血压等病，加上有抑郁症的家族遗传病史，最终他也没能幸免，患上了抑郁症。在疾病的折磨下他痛苦不已。最后，他选择以极端的方式结束自己的生命。海明威代表作有《老人与海》《太阳照样升起》《永别了，武器》《丧钟为谁而鸣》等。海明威凭借《老人与海》，获得了 1953 年的普利策奖及 1954 年的诺贝尔文学奖，有着“美利坚民族的精神丰碑”的美誉。他擅长打造硬汉，讴歌坚强勇敢和不屈不挠的精神。

名师释疑

庞德：美国诗人和文学评论家，意象派的代表人物。

乔伊斯：二十世纪最伟大的作家之一，他的作品及“意识流”思想对世界文坛产生了巨大影响。他同时也是后现代文学的奠基者之一。

名师指津

解放巴黎战斗是发生在第二次世界大战后期和第二次法兰西战役期间的一次行动。这次战役盟军从德军手中夺回了对巴黎的控制权。

◆ 写作背景

1951 年，海明威在古巴完成了中篇作品《老人与海》，并于

1952年出版。

这部《老人与海》源自于1935年海明威听到的一个真实的故事。当时，有一个以捕鱼为生的古巴渔夫向海明威讲述了他捕到的大马林鱼如何被鲨鱼吃掉的事。次年，海明威依据这个故事写了以《在湛蓝的大海上》为题的通讯，并刊登在《老爷》杂志上。老渔夫给海明威讲的故事令他印象深刻，并且他认为捕鱼故事的寓意非比寻常。对于这一点，可从《海洋四部曲》的作品中找到痕迹，其中的第四部分就是“圣提亚哥老人和马林鱼”的故事。1951年，海明威给斯克里布纳致信说，可将第四部分抽取出来，完全作为一部小书单独出版，把这一部分的内容题名为《老人与海》，这部作品就这样出版了。

《老人与海》从最初素材的获取，再到作品的出版，一共经历了17年的时间。可见海明威为这部作品付出了怎样的心血。《老人与海》是海明威酝酿已久，花费精力最多的杰作，也是一部对世界文学史产生一定影响的伟大作品。

名师释疑

马林鱼：《海洋四部曲》中圣提亚哥老人捕到的最大的一条鱼。但是在返航的时候被几头鲨鱼残酷地掠夺和争抢，最后只剩下头和骨架。

◆ 内容概述

圣提亚哥是一个老渔夫，并且是摩斯基多海湾技术最高的人。当时，有一个名为马诺林的孩子同他学捕鱼，这个孩子非常佩服老渔夫的本事。可是这一次，并不同于往日，老头连着出海84天，竟然一条鱼也没有捕到。自这以后，马诺林的父母就不让孩子跟着老渔夫捕鱼了。只是，小孩对老渔夫是有感情的，很同情他的处境，于是经常给他弄些饭菜，陪他聊天，同时帮老渔夫准备再次出海的工具。到了晚上，老渔夫梦见海滩上来了一群狮子。

名师指津

此处写老人梦到狮子，与后面再次提到老人梦到狮子首尾呼应。“狮子”是力量的象征，也是老人的精神支柱，正因为有了支柱和信念，在后面与鲨鱼搏斗的过程中老人才表现出不肯屈服的勇气。

第二天早晨，小孩给老渔夫送给吃的，送他出海。这天，天气很好，海面十分平静，岸边景色优美。老渔夫一大早就撒下了香喷喷的鱼食，他看着颇为平静的海水，蓝蓝的水中游动着红色的小生物，在阳光的照射下，显得五彩斑斓。老渔夫的心情很好，他欣赏着风度优雅的小生物。于是，他信心满满地将钩丝插入一里深的海水中，目不转睛地观察着钩丝。就在这时，只见放在水面上的竿子很快被拖进水里，紧接着钩丝便抖动了。经验告诉老渔夫：深蓝大海的深处，正有一条马林鱼在吃钩把和钩尖上的鱼食。他隐隐感觉到下面有东西在轻轻地扯动，并且重得出奇。老渔夫推断：这条鱼一定很大。大鱼正不慌不忙地游着，拖着渔船和老渔夫在海面上游了 4 个多钟头。老渔夫也不着急，他紧紧地拉着背在脊梁上的钓丝，和大鱼小心翼翼地僵持着。他心里想：“真是个狡猾的家伙。我拿你没有办法，你拿我也没有办法！”就在钓丝被拉得快要断裂的时候，大鱼突然动了一下，把老渔夫拖向船头。老渔夫赶快放长钓丝才没被拖到海中。他全神贯注地拉着钓丝，身子以后仰的姿势来抵挡钓丝的张力，结果把手割破了，但他仍然以大无畏的勇气斗争着。老渔夫想，大鱼一定是受伤了，我痛，它肯定也痛了。经过长时间的拼搏，钓丝一点一点上升，大鱼终于露出了水面。这条鱼看上去十分耀眼，头与背都是深紫色的，那镰刀似的尾巴起伏般地出没在水里。老头见这条大鱼比打鱼的船还长不由心中狂喜。不知不觉中，他已经漂到看不见陆地的海面上，累得没有一丝力气，真希望与大鱼一起睡去。

名师释疑

小心翼（yì）翼：本是严肃恭敬的意思。现形容谨慎小心，一点儿不敢疏忽。

第二天，那条大鱼仍然在船的拖动下游动着。它尝试着一次又一次地跳动，尽管老渔夫不断地放松钩丝，但船仍然走得很快。老头使出全身力气，紧紧地把钩丝绷紧。第三天，那条大鱼开始打转了，尾巴已经从水里露了出来，泰然自若地游到了前面。老渔夫忍着身体上的疼痛，拼尽全身力气与大鱼搏斗着。最后，终于将鱼叉扎入鱼腰里。大鱼向上跳着，银白的肚皮翻到水面上了。老渔夫使出吃奶的劲把鱼拖了过来，用准备好的两个套索分别套住它的腰与尾巴，麻利地将它捆在船旁边。老渔夫估计这条大鱼足有1500多磅，这下他可以大赚一笔了。可令他没想到的是，死鱼的血水竟然把鲨鱼招来了。鲨鱼顺着船和鱼所走的线路游。终于游近了，于是鲨鱼大口大口地吃着大鱼的肉。老渔夫见后，非常生气，但他心想："即便是一个人，你能把他消灭掉，却无法打败他。"老渔夫便用鱼叉、短棍去打鲨鱼，没想到的是，鲨鱼越来越多，即便他用棍棒猛力劈打，鲨鱼撕吃大鱼尸体的速度却并没慢下来，最后仅剩下了一副鱼骨架。老渔夫失败了，他什么也没有了。现在，他只想把船开往自己的港口。当小船驶进小港时，已经到了半夜。老渔夫爬到自己的茅棚内，很快便入睡了。

名师指津

这句话体现了老人不服输的性格。一个人，你可以在肉体上毁灭他，却无法战胜他顽强的精神。

次日，小孩来看他，见他疲惫不堪的面孔和沾满血的双手，不禁失声大哭起来。小孩递给他一杯热咖啡，让他趁热喝了，还表示要与他再出海捕鱼。老渔夫并没有说话，他又睡去了，小孩守在身边，他又一次梦见了好久没有梦到的狮子。

名师指津

此处又提到"狮子"，暗示小孩便是老人的精神支柱，守在他身边，让他安心，给他面对困难的力量和勇气。

◆ 经典选读

"来吧，加拉诺鲨，"老人说。"再过来吧。"

鲨鱼冲上前来，老人趁它合上两颚时给了它一下。他结结实实地打中了它，是把棍子举得尽量高才打下去的。这一回他感到打中了脑子后部的骨头，于是朝同一部位又是一下，鲨鱼呆滞地撕下嘴里咬着的鱼肉，从鱼身边溜下水去。

老人守望着，等它再来，可是两条鲨鱼都没有露面。接着他看见其中的一条在海面上绕着圈儿游着。他没有看见另外一条的鳍。

我没法指望打死它们了，他想。我年轻力壮时能行。不过我已经把它们俩都打得受了重伤，它们中哪一条都不会觉得好过。要是我能用双手抡起一根棒球棒，我准能把第一条打死。即使现在也能行，他想。

他不愿朝那条鱼看。他知道它的半个身子已经被咬掉了。他刚才跟鲨鱼搏斗的时候，太阳已经落下去了。

“马上就要断黑了，”他说。“那时候我将看见哈瓦那的灯火。如果我往东走得太远了，我会看见一个新开辟的海滩上的灯光。”

名师释疑

断黑：指太阳落下后，天完全黑下来。是汉语词汇，出自《二十年目睹之怪现状》。

我现在离陆地不会太远，他想。我希望没人为此大大地担心。当然啦，只有那男孩会担心。可是我相信他一定有信心。好多老渔夫也会担心的。还有不少别的人，他想。我住在一个好镇子里啊。

他不能再跟这鱼说话了，因为它给糟蹋得太厉害了。接着他头脑里想起了一件事。

“半条鱼，”他说。“你原来是条完整的。我很抱歉，我出海太远了。我把你我都毁了。不过我们杀死了不少鲨鱼，你跟我一起，还打垮了好多条。你杀死过多少啊，好鱼？你头上长着那只长嘴，可不是白长的啊。”

名师指津

运用拟人的修辞，将鱼比喻为和他共同作战的战友。这里是老人对自己的心理安慰，通过和鱼的对话试图让自己振奋起来。

他喜欢想这条鱼，想如果它是在自由地游着，会怎样去对付一条鲨鱼。我应该砍下它这长嘴，拿来跟那些鲨鱼斗，他想。但是没有斧头，后来又弄丢了那把刀子。

但是，如果我把它砍下了，就能把它绑在桨把上，该是多好的武器啊。这样，我们就能一起跟它们斗啦。要是它们夜里来，你该怎么办？你又有什么办法？

“跟它们斗，”他说。“我要跟它们斗到死。”

但是，在眼下的黑暗里，天际没有反光，也没有灯火，只有风在刮着那船帆在稳定地拉曳着，他感到说不定自己已经死了。他合上双手，摸摸掌心。这双手没有死，他只消把它们开合一下，就能感到生之痛楚。他把背脊靠在船艄上，知道自己没有死。这是他的肩膀告诉他的。

名师指津

和鲨鱼搏斗之后，老人筋疲力尽，看着只剩下一半的大鱼心情沉重，只有肩膀上传来的疼痛提醒着他自己还活着的事实。突出体现了老人此刻的疲惫。

我许过愿，如果逮住了这条鱼，要念多少遍祈祷文，他想不过我现在太累了，没法念。我还是把麻袋拿来披在肩上。

他躺在船梢掌着舵，注视着天空，等着天际的反光出现。我还有半条鱼，他想。也许我运气好，能把这前半条带回去。我总该多少有点儿运气吧。不，他说。你出海太远了，把好运给冲掉啦。

“别傻了，”他说出声来。“保持清醒，掌好舵。你也许还有很大的好运呢。”

“要是有什么地方卖好运，我倒想买一些。”他说。我能拿什么来买呢？他问自己。能用一支弄丢了的鱼叉、一把折断的刀子和两只受了伤的手吗？

“也许能，”他说。“你曾想拿在海上的八十四天来买它。人家也几乎把它卖给了你。”

我不能胡思乱想，他想。好运这玩意儿，来的时候有许多不同的方式，谁认得出啊？可是不管什么样的好运，我都要一点儿，要多少钱就给多少。但愿我能看到灯火的反光，他想。我的愿望太多了。但眼下的愿望就只有这个了。他竭力坐得舒服些，好好掌舵，因为感到疼痛，知道自己并没有死。

大约夜里十点的时候，他看见了城市的灯火映在天际的反光。起初只能依稀看出，就像月亮升起前天上的微光。然后一步步地清楚了，就在此刻正被越来越大的风刮得波涛汹涌的海洋的另一边。他驶进了这反光的圈子，他想，要不了多久就能驶到湾流的边缘了。

现在事情过去了，他想。但它们也许还会再来袭击我。不过，一个人在黑夜里，没有武器，怎么能对付它们呢？

他这时身子僵硬、疼痛，在夜晚的寒气里，他的伤口和身上所有用力过度的地方都在作痛。我真希望不必再斗了，他想。

但是到了午夜，他又搏斗了，而这一回他明白搏斗也是徒劳。它们是成群袭来的，朝那鱼直扑，他只看见它们的鳍在水面上划出的一道道线，还有它们的磷光。他朝它们的头打去，听到上下颚啪地咬住的声音，还有它们在船底下咬住了鱼使船摇晃的声音。他看不清目标，只能感觉到，听到，就不顾死活地挥棍打去，他感到什么东西攫住了棍子，它就此丢了。

他把舵把从舵上猛地扭下，用它又打又砍，双手攥住了一次次朝下戳去。可是它们此刻都在前面船头边，一条接一条地蹿上来，成群地一起来，咬下一块块鱼肉，当它们转身再来时，这些鱼肉在水面下发亮。

最后，有条鲨鱼朝鱼头扑来，他知道这下子可完了。他把舵把朝鲨鱼的脑袋抡去，打在它咬住厚实的鱼头的两颚上，那儿的

名师指津

通过老人的内心独白体现出老人此刻的极度疲累，和鲨鱼的斗争使他浑身疼痛。此刻他已经不再对那半条大鱼抱有什么希望，只想快点儿回去休息一下。让自己伤痕累累的身体得到片刻安宁。

名师释疑

攫（jué）：夺取，掠夺。

肉咬不下来。他抡了一次，两次，又一次。他听见舵把啪地断了，就把断下的把手向鲨鱼扎去。他感到它扎了进去，知道它很尖利，就再把它往里扎去。鲨鱼松了嘴，一翻身就走了。这是来袭的这群鲨鱼中最末的一条。它们再也没有什么可吃的了。

名师指津

通过简单的动作描写来体现老人和鲨鱼对抗的激烈，体现鲨鱼的凶猛和老人的勇敢。

老人这时简直喘不过气来，觉得嘴里有股怪味儿。这味儿带着铜腥气，甜滋滋的，他一时害怕起来。但是这味儿并不太浓。

他朝海里啐了一口说："把它吃了，加拉诺鲨。做个梦吧，梦见你杀了一个人。"

他明白他如今终于给打垮了，没法补救了，就回到船艄，发现舵把那锯齿形的断头还可以安在舵的狭槽里，让他用来掌舵。他把麻袋在肩头围围好，使小船顺着航线驶去。航行得很轻松，他什么念头都没有，什么感觉也没有。他此刻超脱了这一切，只顾尽可能出色而明智地把小船驶回他家乡的港口。夜里有些鲨鱼来咬这死鱼的残骸，就像人从饭桌上捡面包屑吃一样。老人不去理睬它们，除了掌舵以外他什么都不理睬。他只留意到船舷边没有什么沉重的东西，小船这时驶来多么轻松，多么出色。

船还是好好的，他想。它是完好的，没受一点儿损伤，除了那个舵把。那是容易更换的。

他感觉到已经在湾流中行驶，看得见沿岸那些海滨住宅区的灯光了。他知道此刻到了什么地方，回家是不在话下了。

不管怎么样，风总是我们的朋友，他想。然后他加上一句：有时候是。还有大海，海里有我们的朋友，也有我们的敌人。还有床，他想。床是我的朋友。正是床，他想。床将是样了不起的东西。吃了败仗，上床是很舒服的，他想。我从来不知道竟然这

这里体现了作者奋斗不息的人生观。面对困难，或许人们无法真正取得胜利，但是至少可以取得精神上的胜利。这让我们看到了一个不服输的老人，以及他所表现出来的“硬汉”形象。

么舒服。那么是什么把你打败的，他想。“什么也没有，”他说出声来。“只怪我出海太远了。”

（节选自《老人与海》，吴劳译，上海译文出版社，1999 年 10 月第 1 版）

◆ 艺术特色

《老人与海》的动作描写细致、准确、生动，语言含蓄，韵味十足的内心独白，令整篇作品的意境如同一首诗，具有较强的画面感和音乐感。《老人与海》这种简约的风格体现出了海明威的“冰山”理论；重视听觉、触觉和语言视觉的效果，使读者在阅读时，如同身临其境。艺术性和深邃哲理性是这部作品的显著特点。

《老人与海》采用现代艺术手法，作品呈现出来的视觉形象，以及画面感都很强，这与海明威所用的电影化艺术手法是分不开的。从一开始，作者就用特写镜头，对老渔夫和帆的面部做了十分清晰的展示。在写近景时，老渔夫捕鱼时的细节表现得最为充分：“鱼食在送下 40 英寸的时候，第二个鱼食在送下 75 英寸的时候，第三个、第四个鱼食分别送往海面下 100 英寸、125 英寸的时候”。每一个放钓丝的动作都非常仔细，并且很真实。至于远景方面，作者展示了整个画面，就如同一幅航海捕鱼图。

心理描写也是作品的一大特色。《老人与海》使用了大量内心独白代替对话，将故事推向一个又一个高潮。文中写到，老人紧跟着大鱼，已经有一天一夜。第二天夜晚，老人疲惫不堪，睡了一会儿。当他正在做梦时，被大鱼惊醒了。这时，“老人想，它嘴上的囊胞装满了空气，决不会潜入深水死掉，害我拉不起来。

它马上就要绕圈子了，我得开始为它花力气了”。他自言自语道：“老头儿，你自己还是勇敢些，充满信心吧。”与鱼搏斗中，他说：“老头儿，要镇定，要坚强。”老人不停地自我鼓励，特别是战胜了鲭鲨后，已经没有力气的老人希望一切都是梦。可转念一想，“不过，人不是生来就会被打败的。”“人可以毁灭，却不能挫败。”这是老人一生的真实写照。“老头儿，不要多想，”他大声说，“顺这条路走下云，事情来了就要勇敢接受。”将老人对生命的理解和对生活的追求，做了完美诠释。当凶残的鲭鲨和铲鼻鲨靠近时，老人英勇地同它们搏斗，靠着不服输的勇气战胜了鲨鱼。

作品语言洗练含蓄。如老人总是“梦见童年所见的非洲，还有长长的金色沙滩和白得刺眼的白沙滩，高高的海岬和巨大的棕色山脉。现在他每天都梦见那道海岸，梦中听到巨浪的吼声，看见土著的小船乘风浪而来。他闻到沥青和甲板上破绳的气味，还闻到早上陆风吹来的非洲气息。他还梦见非洲沙滩上的狮子。”……这部作品字数虽然不多，却将一个故事清晰生动地讲述出来。海明威对语言的精准把握，令我们赞叹不已。这与他初期的记者经历不无关系。

作品还体现了作者独特的“冰山”创作理论。海明威将自己的文学创作比做“冰山”，将自己独特的艺术风格，生动地概括为“冰山原理”。他曾说：“我总是试图根据冰山原理去写它。关于显现出来的每一部分，7/8是在水面以下的，你可省略去你所知道的任何东西，这只会使你的冰山深厚起来。这是并不显现出来的部分。”《老人与海》的创造离不开“冰山原理”。展示在我们眼前的，只是老人与鱼的搏斗过程。人与自然斗争的故事，一个简单的故事，蕴含着浓厚的深意。每个人的读后感都不尽相同，

名师指津

老人在困境之中的自我鼓励，体现了他坚强勇敢，面对困难毫不畏惧的精神和乐观向上的心态。

名师释疑

鲭（qīng）鲨：鲭鲨科鱼类，其中包括白鲨和马科鲨。

冰山原理：是海明威的写作手法和艺术风格。他认为一部好的作品就像一座冰山，露出水面的只有上面的八分之一，而水下的八分之七需要读者自己去理解。因此，他的作品中心突出，修辞质朴，很少用富丽堂皇的比喻和修辞，而是以简短精练的人物对话，让作品更加含蓄凝炼。

受到的震撼程度也完全不同。

作品主要塑造了两个人物形象:老人圣提亚哥和小孩子马诺林。

老人具有英雄主义特征，一个同大海、大马林鱼和鲨鱼群格斗的英雄。在他的观念中，捕鱼不仅是养活自己，更能实现人生价值。在作品中，作者对老人那三天三夜的描写，我们能看到：老人是一个孤独的英雄。我们的内心世界，被他顽强的意志和坚持不懈的精神所震撼。他还是一位情感丰富的人，从对马诺林的依恋、亡妻的怀念、大马林鱼的赞美及对捕鱼的热爱，我们都能明显感受到。真正的英雄,始终有一颗强大的内心和最真挚的情感。

名师指津

小孩马诺林在这部小说中起着至关重要的作用，他不仅帮助老人找回了谦卑的品质，而且在老人停滞不前时，带给他激励和面对一切的勇气。

小孩子马诺林，从小跟随老人学习捕鱼。从老人身上，他不仅学到了高超的技术，更受到了老人对事业的热爱和坚强自信精神的感染。他知道老人身上那可贵的硬汉精神,理解老人的选择,所以他无比热爱老人。当他看到老人出海回来那受伤的手和巨大的鱼骨架时,他伤心地哭了。他心疼老人,同时也十分敬佩老人。我们完全可以相信，老人的精神将在他的身上得到延续。他就是希望，就是未来的硬汉。

◆ 文学地位

名师指津

这部作品是海明威晚年的完美之作，也是他最满意的作品之一，更是他个人世界观和人生观的集中体现。是20世纪欧洲文坛最具影响力的小说之一。

《老人与海》主要讲述了一位古巴老渔夫同一条大马林鱼在大海中的搏斗。这部作品奠定了海明威在文学史上的地位。他因此获得了 1954 年的诺贝尔文学奖。

《老人与海》这部作品是根据古巴的一位老渔夫的真实经历而创作的。通过描写老渔夫捕鱼的整个过程，塑造了一个在重压下仍能保持风度的老人形象。

《老人与海》这部作品曾是一代又一代人的精神食粮。这部作

品告诉人们，在面临困难时，应当以坦然和坚定的态度去面对，并且永不放弃心中的信念。无论条件多么艰苦，过程多么复杂，都要不断地告诉自己要坚持下去。每一个人的人生都不是一帆风顺的，只有经过困难的磨砺，才会成长，生命也才会有质量。

海明威塑造的老人形象是一个不失风度的人物，也是因为这一点，使得他的作品享誉文坛。这篇作品中的主人公——圣提亚哥就是他欣赏的那种“人可以被消灭，但不可以被击败”典型“硬汉”形象。在形象的塑造中，作者完美地体现了“你尽可以把他消灭掉，可就是无法打败他”的思想。这个形象所表现出来的勇气和永不放弃的精神，影响了整个美国，也成为整个世界的价值追求。

名师指津

老人身上体现出海明威不怕失败的勇士精神和乐观向上的人生态度，并且海明威的生存哲理和道德理念也在老人身上得以体现。

《伪君子》

◆ 作者简介

莫里哀（1622—1673），17 世纪古典主义文学时期，法国最重要的文学家之一。他是古典主义喜剧的创始人，举世闻名的戏剧大师。

名师指津

他是法国的喜剧家、演员，同时也是法国芭蕾舞戏剧的创始人。而莫里哀是他的艺名，法语是常春藤的意思。

莫里哀，原名让 - 巴蒂斯特 · 波克兰。1622 年生于法国巴黎的一个富裕家庭。1635 年，莫里哀被送入贵族学校读书。不久后，父亲就将职位的世袭权传予莫里哀。他从小就热爱戏剧，深受无神论和自由主义的影响，下定决心终身致力于戏剧事业。1643 年，他毅然决然地放弃了世袭权，与朋友合伙成立了自己的剧团。他为自己取艺名“莫里哀”。可惜，因经营失败，剧团没有多久就停业了。莫里哀被债主告上法庭，并关进了监狱。

刑满释放后，莫里哀不顾家人反对，加入另一个剧团，在法国外省巡回演出十多年。这十多年的经历，为他积累了丰富的创作素材。1650 年，他成了剧团负责人，并开始了创作生涯。他的早期剧本有《冒失鬼》《爱情的怨气》等。1658 年，他率团返回巴黎，在罗浮宫为国王路易十四表演了喜剧《多情的医生》。

名师指津
《冒失鬼》是莫里哀的处女作。

此后，莫里哀一直在巴黎从事戏剧创作。长年漂泊的莫里哀，使他对法国社会有了深刻的理解，为他的戏剧创作提供了良好养料。1659 年，独幕剧《可笑的女才子》上演，该作品讽刺了贵族阶级的矫揉造作的社会风气，这部作品成就了他现实主义喜剧家的坚实地位。随后，社会问题喜剧《丈夫学堂》和《太太学堂》相继演出，这两部作品表现的主题是反对封建夫权思想、赞颂恋爱自由的社会观点。

1664 年 1 月，《逼婚》上演，该作品讽刺了唯心主义的经院哲学思想以及荒谬的不可知论悖理。5 月，《达尔杜弗》(即《伪君子》)在凡尔赛宫的节日晚会上演。这部喜剧嘲讽了封建社会中的天主教会，因此数度被禁演。经过 5 年的不懈努力，莫里哀借着教皇颁布的“教会和平”诏书机会，以 5 幕诗体喜剧的形式进行了圆满公演。在这部政治意味十足的喜剧里，作者塑造了一个典型形象——骗子达尔杜弗。在这期间，莫里哀还创作了《唐璜》和《愤世嫉俗》，这两部剧本不遗余力地揭露了封建统治阶级的黑暗。

名师解疑
不可知论：与可知论相对，是一种唯心主义的认识论。不可知论认为除了感觉、现象之外，世界的本身是无法认识的。它否定社会发展的客观规律，也否定社会实践的作用。

此后，他还创作了《吝啬鬼》(一译《悭吝人》)等重要作品。

1673 年，莫里哀积劳成疾，在主演他的最后一部作品《没病找病》时，倒在了舞台上。一代戏剧大师，就这样将最后一点光与热抛洒在了他挚爱的舞台上。

◆ 写作背景

17 世纪，法国十分盛行古典主义。古典主义是当时法国专制君主制形成的产物，是封建贵族政治和资产阶级出现的文化现象，因推崇古希腊古罗马文学盛行一时。古典主义一出现，就受到了王权的鼎力支持。为了保护古典主义，王权采取相应措施，这让古典主义原则的制定得到了有效落实。法国的古典主义作品，带着十分明显的时代特征。对于这一点，可以在莫里哀的《伪君子》中得到证实。莫里哀创作的《伪君子》作品一共 5 幕，这部作品顺应时代潮流，从法国的现实中获取题材，作者将矛头对准了教会，大胆地揭露它的虚伪性。17 世纪，法国出现了宗教热，当时的教会势力十分强大，经常打着上帝的旗号来束缚人的思想。在众多教会的活动中，以伪善作为出发点，教士们的言行并不统一，口是心非几乎是一种普遍的社会现象。在当时的法国社会，有一股顽固势力设立了宗教组织“圣体会”，表面上做着慈善事业，实际上是一个从事着谍报机构的秘密场所。“圣体会”将会员装扮成教徒，混迹于老百姓当中，刺探他们的言行；或是以告密的方式为宗教裁判所提供材料，以此来迫害异教徒、无神论者和自由思想者。同时，还向资产阶级进攻，企图通过掌控富有的资产者来与王权较量，以此削弱王权。机敏的莫里哀抓住了这个热点题材，在《伪君子》作品中及时地向这股逆流发难。

名师指津

17 世纪 20 年代，以皇太后为领导的一波反动势力组成了“圣体会”。“圣体会”的成员多是伪君子和假信士。

《伪君子》是一部十分典型的性格喜剧，全剧以达尔杜弗伪善的性格作为基准点，以此来塑造这个形象。达尔杜弗本来是一个破产贵族，到巴黎时，连一双像样的鞋子都没有，全身的穿着顶多值 60 个铜子。他通过投靠教会，瞬间成了一位社会上的良心导师。达尔杜弗的这种经历正好反映了法国贵族在衰败以后从宗教中寻求出路。达尔杜弗在贵族社会中学到的伪善手段，三分虚伪行为，七分奉承言词，将愚蠢的奥尔贡骗得团团转。

在《伪君子》这部作品中，其中心人物是达尔杜弗，这个人物与当时法国的社会现实形成鲜明的对照。可以看出，“达尔杜弗”实际上是当时法国宗教人物的影子，也是作者批判的中心。“达尔杜弗”形象是作者反映的一个核心主题，他是法国宗教中名副其实的“伪君子”，批判了这个人物，实质上也就批判了伪善的宗教。

◆ 内容概述

名师指津

整个剧情围绕揭露达尔杜弗的伪善来展开，直入主题，从一开始就表现出了他的伪善。

奥尔贡是巴黎的一个富商，也是一个十分虔诚的天主教徒，因辅佐过国王，他受到了人们的尊敬。奥尔贡在教堂里认识了达尔杜弗，被他伪装的宗教虔诚和苦修道行所感动。自此以后，两人的关系密切起来。富商奥尔贡把达尔杜弗邀请到自己的家中，给他提供了良好的生活条件，把他当作导师，把他当作知心朋友，什么事都和他说。达尔杜弗在对待奥尔贡的热情时，常常是处处虔诚，不允许自己的行为出现任何小错，即便出现，也要以罪过来谴责。但是，达尔杜弗十分关心奥尔贡漂亮的妻子艾耳密尔，因为他对艾耳密尔已经垂涎三尺。

名师释疑

垂涎三尺：口水挂下三尺长，形容人十分贪婪的样子。

富商奥尔贡的母亲柏奈尔太太，对达尔杜弗也很着迷，她经常将家人与达尔杜弗作比较。这样一来，就觉得家里的任何一个人都不是好东西。因此，柏奈尔太太对家人看不顺眼，经常在他们面前发脾气。奥尔贡出门归来时，他的妻兄克雷央特前来看望他。一个叫桃丽娜的女仆向奥尔贡说夫人艾耳密尔的病逐渐好

转。对于妻子的身体，奥尔贡却不闻不问，只是一门心思地打听达尔杜弗的近况。家里的其他人在对达尔杜弗时，从来就没有好气。女仆桃丽娜见状，说了许多有关达尔杜弗的坏话。奥尔贡听后，心里很不痛快。妻兄克雷央特也看不惯达尔杜弗，他劝奥尔贡不要对这个人太好。只是，奥尔贡根本听不进去任何劝告，他对达尔杜弗仍然十分恭敬。他认为，达尔杜弗可以引人走上正道，能让他割舍对世俗的一些杂念。克雷央特见此，也就不再说什么，而后询问起侄女玛丽亚娜的婚事来。其实，奥尔贡的女儿玛丽亚娜与一个叫瓦赖尔的男子情投意合。奥尔贡也同意了他们的婚事。可是，现在奥尔贡似乎变了一个人，他对玛丽亚娜和瓦赖尔婚事不闻不问，迟迟不操办婚礼。此时，对于克雷央特的询问仍然是支支吾吾，没有实质性的回答。

名师指津：奥尔贡已经被达尔杜弗伪善的外表所蒙蔽，因此对旁人的劝告根本听不进去。

其实，奥尔贡的心里早有另一种打算，他想把女儿玛丽亚娜嫁给他心中的英雄——达尔杜弗。这样一来，达尔杜弗就可以成为家中的成员。当玛丽亚娜得知父亲的决定时，如同五雷轰顶。因为玛丽亚娜十分讨厌达尔杜弗，而他的父亲却滔滔不绝地夸奖起了达尔杜弗。父女俩的谈话无意中被女仆桃丽娜听见了，桃丽娜发表了自己的意见，说奥尔贡糊涂。奥尔贡听到女仆说这样的话，气得要打她。

名师释疑：滔滔不绝：形容连续不断地说话，指话多，中性词。

桃丽娜私下劝玛丽亚娜争取自己的幸福，反对父亲的主意。但是，胆小的玛丽亚娜，害怕父亲的专制，于是想一死了之。当瓦赖尔知道这件事后，又着急又生气，玛丽亚娜不知该怎么办。就在这时，桃丽娜给玛丽亚娜出了一个主意，她让玛丽亚娜表面上听从父亲的安排，实际上与家人达成一致来促成她与瓦赖尔的婚事。

名师指津

达尔杜弗标榜不近女色，见到桃丽娜袒露的胸脯却叫嚷要用手帕遮起来。其伪善的本质暴露无遗。

很快，桃丽娜找到了达尔杜弗，她穿着一件袒胸的衣服令达尔杜弗感到慌张，于是便拿出手帕让桃丽娜遮上“那有罪思想的胸脯”。艾耳密尔夫人说，这个达尔杜弗若真是不恋尘世，就该主动放弃与玛丽亚娜的婚事。但是，这位道貌岸然的伪君子，却将手放在了艾耳密尔夫人的身上，向她表达起自己的爱意来。

达尔杜弗同艾耳密尔夫人的谈话正好被达米斯听见了，十分气愤的达米斯找到了奥尔贡，将揭发了达尔杜弗的无耻行为。奥尔贡听后，有点儿不敢相信这个真相。但在面对达尔杜弗时，奥尔贡再次相信了他，并把“造谣生事”的逆子赶了出去，取消了他继承自己遗产的权利。就在此时，达尔杜弗满脸痛苦地声称，自己不久后要离开人世，执意要离开奥尔贡的家。奥尔贡心中有愧，提出将财产全部送给达尔杜弗，于是这个道貌岸然的家伙达到了目的。

名师释疑

道貌岸然：形容神态庄严（现多含讥讽意）。

当奥尔贡办理赠送给达尔杜弗财产的手续时，克雷央特想阻止这件事情发生，于是他找到了达尔杜弗，让他远离奥尔贡的家庭。与此同时，玛丽亚娜向父亲苦苦哀求，让他不要把财产赠送给这个伪君子。但是，她的父亲却认定家人诬陷了朋友达尔杜弗。艾耳密尔为了让丈夫看清达尔杜弗的真面目，她答应与达尔杜弗幽会。让丈夫奥尔贡在旁边，来看看这个达尔杜弗的真面目。

艾耳密尔夫人假装接受了达尔杜弗的表白，很快，这个伪君子就原形毕露，达尔杜弗开始动手动脚起来，他想要得到爱情的保证。但是，艾耳密尔夫人则表示怕自己得罪上天，也担心得罪了丈夫。达尔杜弗听后却得意地说：你的丈夫奥尔贡，只不过是一个被我牵着鼻子走的人。隐蔽在一旁的奥尔贡听在耳里，气在心里。于是，他站出来对达尔杜弗大喊："你给我滚蛋，立刻离开这个家。"只是，奥尔贡的心里十分痛苦，他已经将自己的全部财产赠送给了达尔杜弗，还把正受政府通缉的朋友的文件交给了他。此时，奥尔贡的母亲柏奈尔太太来了，她还是坚信达尔杜弗不是坏人。

没过多久，一个政府官员来到奥尔贡的家中，他命奥尔贡与家人在第二天早上搬出"达尔杜弗的房子"。柏奈尔太太听后，顿时目瞪口呆。也是在这个时候，瓦赖尔匆忙赶来报信，国王已经知道奥尔贡隐藏了罪犯文件，伪君子达尔杜弗正带着人前来抓他。

达尔杜弗到了，众人都指责他的忘恩负义，而这个家伙却毫不动容，反而催促军官赶紧动手拿下奥尔贡。就在此时，意外的事情发生了——军官竟然把达尔杜弗抓了起来，在场的人无不感到惊讶。军官说，圣明的国王已经认清了达尔杜弗的真面目。国王宽恕了奥尔贡隐藏罪犯的过错，还把财产如数归还给他。

奥尔贡感激国王的圣恩，再次表示了自己的谢意。同时，他还宣布了瓦赖尔和玛丽亚娜的婚事。于是，一家人又幸福地生活在一起了。

◆ 经典选读

第五场

出场人：达尔杜弗，艾耳密尔，奥尔贡（在桌子底下）

达尔杜弗　有人告诉我说您愿意在这儿跟我谈几句话。

艾耳密尔　是的，有几句私话要对您谈谈。不过未说以前您先关上这扇门，先到处看一看，不要被人抓住。刚才达米斯那样做法真让我替您捏了好大一把汗，您总看明白了吧，我曾尽力劝他不要那样做，叫他压住他的暴脾气。可是说真的，当时我也真吓糊涂了，会一点儿没想起反驳他的话，不过靠天保佑，一切反倒因此更好了，倒觉得更安全了。我的丈夫对您的敬仰把这场风暴全给吹散了。他对您不但没有起疑，并且为了更好地来斗一斗那些不怀好意的种种议论，他偏要咱们时时刻刻老在一起，因此我可以不用害怕受指责，和您关着门一起在这儿待着，也就是仗着这个，我可以对您谈一谈我的心事，来接受您的热爱，这样说也许有点言之过早吧。

这里是艾耳密尔试探达尔杜弗的话。因此有一些刻意讨好的语气，想要借此套出他的话来。

达尔杜弗　这番话真有点儿令人不容易明白，太太，您方才说话可不是这个语气啊。

艾耳密尔　唉！如果刚才那样的拒绝竟会使您恼怒，那么您真可算是不懂得一个妇人的心了！您会看不出这颗心的言外之意吗？我原是仰慕您的，您难道看不出我对您是多么的温柔？

达尔杜弗　太太，我能够听见从我所爱的嘴里说出这番话来，当然是一桩极端甜美的事。我怀疑您是要打破正在进行中的那个婚姻。跟您痛快说吧，如果不给我一点儿实惠我是绝对不能听信这么甜美的话的。

艾耳密尔　（咳嗽一声，为关照她的丈夫）怎么？您竟这样心急，一下手就要挤干一颗心的柔情？

达尔杜弗　一种好处，我们越自问不配得到手，就越不敢希

望它。您若不弄点儿真实的东西让我的爱情火焰心服口服，我是任什么也不能相信的。

艾耳密尔　天呀！您的爱情行出事来可真像个暴虐君王。它多么狂暴地要求满足它的欲望！怎么？您已经把我逼得无法躲避，您可连一点儿喘气的功夫都不给人家留下。您知道人家爱上了您，您就利用这个弱点加劲地来逼人，您想想这样合适吗？

达尔杜弗　如果您真是用慈悲的眼光来看待我对您这份爱慕的意思，那您为什么不肯给我那种确实的保证呢？

艾耳密尔　不过真的答应了您所要求的那件事，又怎能不同时得罪了您总不离口的上帝呢？

达尔杜弗　如果您只抬出上帝来反对我的愿望，那索性剥去这样一个障碍吧，这在我这里是算不了一回事的，不应该再让这个来管住您的心。

艾耳密尔　不过上帝的御旨是让人家说得那样的可怕。

达尔杜弗　我可以替您除掉这些可笑的恐惧，太太，并且我有消灭这些顾虑的巧妙方法。不错，对于某些欲望的满足，上帝是加以禁止的，不过我们还可以和上帝商量出一些妥协的办法。有一种学问，它能按照各种不同的需要来减少良心的束缚，它可以用动机的纯洁来补救行为上的恶劣。您尽管满足我的希望吧！一点儿用不着害怕，一切都由我替您负责，有什么罪过全归我承担好了。您咳嗽得很厉害，太太。

艾耳密尔　是的，我难受极了。

达尔杜弗　这儿有甘草糖，您要吃一块吗？

名师释疑

心服口服：心里嘴上都信服，指真心信服。

名师指津

这里体现出了达尔杜弗的狡诈，他对艾耳密尔一个劲提出得到保证的要求，可见他虽然话说得冠冕堂皇，但是依旧掩盖不住他的目的性。

名师指津

这句话体现出了达尔杜弗的伪善。他用自己的那一套歪理，为不正当的事情披上了正当的外衣。

艾耳密尔　我的伤风无疑是一种玩抗性的恶伤风；我知道世界上任何什么药也治不好我的病。

达尔杜弗　这当然是很讨厌的。

达尔杜弗　是的，简直没法儿说。

达尔杜弗　说到最后，您的顾虑是很容易打消的。您可以安心，这儿的事是绝对秘密的。

艾耳密尔　（又咳嗽）说了半天，我看出来我不答应是不行的了。必须把我的一切都给了您，如果不这么办，我就别想让您心满意足，我跨过这一关，实在是身不由己；但是，既然有人逼着我这么办，既然我不管说什么他都不肯相信，那么我只好下了决心听别人去摆布了。

达尔杜弗　是的，太太，有人负责的，这个事本来就……

艾耳密尔　您把门打开一点儿，请您看看我的丈夫是不是在走廊里。

达尔杜弗　您又何必对他操这份心呢？咱们俩说句私话，他是一个可以牵着鼻子拉来拉去的人，咱们这儿谈的这些话，他还认为是给他增光露脸呢，再说，我已经把他收拾得够见什么都不信了。

名师指津

这里达尔杜弗终于露出了他那丑恶伪善嘴脸，在艾耳密尔面前公然嘲讽奥尔贡。可是他却不知道奥尔贡此时就在桌子下面偷听他们的谈话。

艾耳密尔　不管怎么样，还是请您出去一会儿，在外面仔细看一看。

第六场

出场人：奥尔贡，艾耳密尔

奥尔贡　（从桌子底下爬出来）这真是个万恶的坏人，我承认了。我真没想到，这简直是要我的命。

艾耳密尔　怎么？你这么早就出来了？你这不是拿人开心吗！赶快回到桌毯底下去，还没到时候呢；你应该等到底，索性把事情看个水落石出，不要单单凭信那些揣测之词。

奥尔贡　不用了，地狱里跑出来的魔鬼也没有他这么凶恶。

艾耳密尔　天啊！你不应该太随便轻信一宗事。你把证据看清楚再认输，你可别心急，免得把事情看错。（她把丈夫拉到身后。）

（摘选自《伪君子》，李健吾译，湖南人民出版社，1982 年 5 月第 1 版）

◆ 艺术特色

《伪君子》是一部卓越的古典主义创作原则与民间喜剧手法相结合的杰作。创作上基本符合古典主义的要求：韵文诗体，分五幕，遵从三一律。

在这部作品中，作者塑造的人物形象较为扁平、偏向于概念化。整个剧情主要围绕揭露达尔杜弗的伪善面展开，地点是奥尔贡的家里，时间限制在 24 小时内。莫里哀的创作风格既严整均衡、情节集中，又蜿蜒曲折，富有情致。

《伪君子》很好地体现了古典主义戏剧的优点。比如，结构严谨、矛盾冲突较集中、内容层次分明。在前两幕剧中，主人公并没有亮相，但却通过上场的人物对主要人物的不同态度为其登场做好了充分准备。同时，又将次要人物与主要人物的关系作了详细介绍。

名师释疑

揣测：推测、猜测。

三一律：是西方戏剧结构理论之一，亦称“三整一律”。是一种关于戏剧结构的规则。要求戏剧创作在时间、地点和情节三者之间保持一致性。

名师指津

文中的达尔杜弗是作者精心塑造的一个宗教伪善者的形象。他以表面的虔诚来骗取人们的信任，背地里却打着破坏别人家庭、抢夺别人财产的坏主意，是一个不折不扣的伪君子。

全剧主要围绕着达尔杜弗的虚伪与众人揭露其伪善面展开的角逐进行铺陈描写。在第一幕和第二幕中，作者采用了侧面烘托及主要人物“虚出”手法，介绍关键人物与家庭成员的冲突。在第三幕和第四幕中，人物与人物之间的冲突得到了展开，并且推向了高潮，这两幕正面展示了达尔杜弗的虚伪性。在戏剧接近顶点时，形势转变，突然峰回路转。整个戏剧的节奏十分紧凑，高潮部分令人眼前一亮。

另外，莫里哀为了打破古典主义在悲剧与喜剧之间的严格界限，在喜剧中设置了悲剧因素，而后又将戏剧冲突推向了高潮。爱情悲剧和家庭悲剧接踵而来，顿时陷入了绝境。快到达结局时，突然急转直下，以美好的大团圆收场。这样的情节安排，变化多端，层次分明，很有吸引力。

名师指津

莫里哀对达尔杜弗的表里不一进行了细致、全面的刻画，从不同的方面为我们展现了这个宗教伪善者的丑恶嘴脸，揭露了他的恶行。

《伪君子》的语言生动活泼，且具有个性化色彩。主要人物达尔杜弗的虚伪、矫揉造作，喜欢长篇大论，多用上帝作旗号，这很符合他的性格。奥尔贡的言语简短明了、武断、也符合一个家长的性格和身份。桃丽娜是一个泼辣的女子，她率真朴实，有着活泼、机敏、爽朗的性格。在塑造人物上，莫里哀运用夸张和对比手法来突出主导性格。他抓住主人公性格的根本特征，浓墨重彩反复渲染，使其一举一动都呈现出伪善色彩。达尔杜弗吃东西、达尔杜弗捏死跳蚤、达尔杜弗假意蒙冤，都让人透过夸张的放大镜看清了其伪善实质。莫里哀让达尔杜弗表象上的“美”与本质上的“丑”构成巨大反差，言与行形成鲜明对比，揭示他在宗教眩人的外衣下掩盖着的卑污灵魂。达尔杜弗与奥尔贡也造成了强烈的对照，一方面是假虔徒，一方面是真信士；达尔杜弗愈是装腔作势，奥尔贡愈是崇拜迷信；达尔杜弗愈是故作姿态要求

名师指津

这里作者运用了夸张的写作手法，将达尔杜弗得伪善面孔展现得十分透彻，更为作品增添了讽刺效果和批判力度。

离去，奥尔贡愈是坚决挽留，驱逐儿子；达尔杜弗假意避嫌，奥尔贡偏要他多跟太太在一起；达尔杜弗“轻视”财产，奥尔贡偏把财产赠给他。这样处理，在引人发笑之余，更激起观众对伪善者的痛恨，对愚昧者的同情，从而突出了宗教的欺骗性与危害性。正如莫里哀在文章序言中所说：“把恶习变成人人的笑柄，对恶习就是重大的打击。”

◆ 文学地位

在莫里哀的作品中，《伪君子》最具战斗性。“达尔杜弗”自出现以来，几乎成了西方人脑海中“伪君子”的代名词。作者通过达尔杜弗的丑陋，深刻揭露和尖锐批判了邪教士的伪善面目。

《伪君子》表达了当时法国民众对腐朽宗教组织的敌意，演出引起了轰动。在观剧的过程中，当以达尔杜弗为代表的宗教骗子被揭露后，观众开怀大笑。莫里哀将矛头直指被异化的宗教。被世俗化、制度化和官僚化的宗教，已经成为社会毒瘤。伪教士如雨后春笋般出现，达尔杜弗之流就是宗教的工具。《伪君子》演出之初，遭到了宗教势力的疯狂围堵。1664 年 5 月，莫里哀的作品受到了国王的追捧，但却触碰了巴黎大主教的利益。鉴于强大的宗教压力，他的剧作被迫停演。1667 年，他的作品解禁，同年 8 月成功上演。然而，第二天又遭到了最高法院院长的干涉。直到 1669 年，《伪君子》才得到了合法的演出权。

《伪君子》以高度的思想性和艺术性享有世界性的声誉，这部作品不仅是莫里哀的个人代表作，也是欧洲喜剧中成就最高的作品之一。

莫里哀被誉为法国 17 世纪古典主义文学最重要的作家，是

名师指津

《伪君子》这部作品用失去理性的恶果来证明理性的重要，它歌颂了王权，符合古典主义的要求。但是莫里哀又在其中加入了新的元素，他在这部喜剧中加入了一些悲剧色彩。

名师指津

法兰西的精神有如法兰西的国旗颜色一般，蓝色象征着自由；白色代表着另一个美好而具有魔力的字眼：平等；红色的主题是博爱。

古典主义喜剧的缔造者，在欧洲戏剧史上占据着重要地位。他象征着一种“法兰西精神”，他的作品被译成多种语言，被世界所熟知和传颂。在世界戏剧舞台上，他的作品成为常演剧目。在种类和样式上，他的喜剧风格多样。他指出，喜剧要自然合理，用社会反响来评价剧作。他的喜剧是最早的古典主义喜剧，对喜剧的发展以至戏剧的发展，产生了重要影响。

名师赏析

世界文化洋洋大观，除了我国源远流长的古文化和杰出的作品之外，外国也有许多文学著作堪称经典。这些词句犀利、文字精练的作品不仅内容精彩丰富，且要表达的思想也十分深刻，值得我们细细赏读。如《哈姆雷特》这部家喻户晓的作品，通过复杂的结构和曲折的故事情节，充分地显示了作者高超的艺术才能，深刻地反映出了16至17世纪之间英国的社会现实，具有强烈的反封建思想。《老人与海》的描写细致精炼，语言含蓄，其中人物的内心独白韵味十足，给读者智慧的启迪和精神的鼓励。《伪君子》则是一部古典主义作品，它的创作结合了民间喜剧的手法，并且又有莫里哀自己独特的风格，深刻地揭露了邪教士的伪善面目。这些作品都值得我们品味和学习。

学习借鉴

好词

真知灼见　苟延残喘　茅塞顿开　洋洋大观　空空如也

垂涎三尺　滔滔不绝　道貌岸然　心服口服　水落石出

好句

*生存还是毁灭，这是一个值得考虑的问题；默然忍受命运的暴虐的毒箭，或是挺身反抗人世的无涯的苦难，通过斗争把它们扫清，这两种行为，哪一种更高贵?

*他一枪刺中了风车的翅膀；翅膀在风里转得正猛，把长枪迸作几段，一股劲把堂吉诃德连人带马直扫出去；堂吉诃德滚翻在地，狼狈不堪。

*鹰山，像索瓦尔所言，乃是“王国最悠久，最华美的绞刑台”。

*这个眼睛乌亮亮的小女孩长得非常活泼可爱，两个老姑娘就常常拿她消遣解闷。

*但是，在眼下的黑暗里，天际没有反光，也没有灯火，只有风在刮着，那船帆在稳定地拉曳着，他感到说不定自己已经死了。

思考与练习

1.《浮士德》这部诗剧表达了作者什么样的思想感情？

2.《哈姆雷特》中的经典名句："生存还是毁灭，这是一个值得考虑的问题"，突出体现了什么？

3.《堂吉诃德》这部小说的作者意在批判什么？它的文学地位又是怎样的？

4.《巴黎圣母院》中节选段落，卡西莫多与爱斯梅拉达死后共眠，体现了什么？

5.《老人与海》中"狮子"的意象代表了什么？有何意义？